Creative Economy and Ultimate Happiness

創造経済と究極の幸せ

渡辺通弘
Michihiro Watanabe

次の時代を担う人々へのメッセージ

悠光堂

本書が提起する6つの新たなパラダイム
(理論的枠組み)

1. 利潤追求の資本主義から人の幸せと人類の未来に貢献する創造経済への転換

2. 創造経済の新たな四本柱となる
(1) 芸術創造産業(Creative Industries)の拡大
(2) 非営利団体(Nonprofit Organization-NPO)の強化
(3) 人工知能(Artificial Intelligence)の活用
(4) ベーシックインカム(Basic Income)制度の導入

3. 永遠志向社会(歴史社会)の構築による現世における来世の実現

4. 死を超越するためすべての人に歴史に記録を残す機会を与える歴史民主主義の確立

5. 民主主義強化のための直接民主主義の部分的導入

6. 創造性や個性を育てるための教育の多様化と人間教育の強化

はじめに――なぜ私はこの本を書いたのか

私は1982年に、哲学3部作『永遠志向』を創世記社から出版しました。その中で、すべての生き物は生きるために生きること（これを私は生存志向と呼びます）、しかし人間だけは、その優れた知能のために自分がいつかは死ぬことを知り、生存志向と死の必然とのはざまで苦悩することを指摘しました。その結果人は死後も残る何物かを求めるようになります（これを私は永遠志向と呼びます）。この人間独自の志向（本能）こそが、宗教をはじめ、歴史、科学、芸術、文化などからなる文明を築き上げる原動力となってきたのです。

そうした中で、死の苦悩を最も効果的に和らげてきたのが、魂とその来世での救済を説く宗教です。しかし近代になると科学や合理思想の影響もあって、その存在が立証できない神や来世を信じられない人が増えました。その結果人は死の恐怖を忘れるため、刹那的な快楽や薬物、アルコールの摂取などに耽溺《たんでき》するようになります。資本主義経済が発展したのも、金儲けと消費の増大がもたらす興奮が、人々に死の現実からの逃避の手段を提供したからです。

しかし二十一世紀に入ると、不断の成長を必要とする資本主義経済は、環境の破壊や資源の枯渇から無限には成長できないことが明白になり、人々は、死から逃避する他の道を模索するようになりました。その例が、古臭くて度量の狭い民族主義や大衆迎合政治、薬物依存症の増加、現実を忘れ知性も失うスマートフォンやゲームへの埋没、テクノロジーの盲信といった現象の広がりです。それでも死の宿命を忘れられない人は、死への憎しみを転位し、他の人を憎み、そして傷つけようとします。これが戦争やテロという、無意味な殺戮《さつりく》の真の原因です。

しかし逃げていては、問題の解決はできません。そこで私は、死の絶望が生み出す破局を回避するための具体的な提案をまとめた『死の超越』を、２０１７年３月に丸善から出版しました。また２０１８年12月に、その英語版である『Transcending Death』をKindleから電子出版しました。『死の超越』は『永遠志向』と異なり、哲学色を薄め読みやすくしたつもりでしたが、読者からはまだ学者風（pedantic）で読みにくいとの指摘がありました。また、大多数の現代人が最も大きな関心を持つ経済の切り口からの説得が必要だ、との意見も寄せられました。本書はそうした声に応えるために書かれたものです。

本書は１００の問答からなっており、一節ごとに完結することで、日に15分ほど目を通せば何かが得られると思います。いわば経済問題を冒頭に持ってきた、『死の超越』のポピュラー版とも言えましょう。また読みやすさを優先するため、引用や注釈は最小限に抑えてあります。もちろんここで扱っているのは、人類社会の在り方を根本から変える提案であり、理解するにはそれなりの集中力と関心を持って読む必要があります。『永遠志向』も『死の超越』も、そして本書も、「既存の知識の収集ではなく、思い切った推測だけが我々を前に進めてくれる」という、アインシュタインのモットーに基づいて書かれています。

世界が混迷の時代に入ろうとしている今日、我々がただ手をこまねいていれば、人類は多くの困難に直面することになるのです。それでも自分の生き方、社会の在り方、そして人類の未来について真剣に考える方なら、本書に目を通すことで、現代社会が直面する諸問題は、適切な方策を講じれば解決が可能であり、人間は死の宿命を乗り越えることができ、人類の未来は洋々たるものであることを知るでしょう。

新しい社会を作るのには時間が必要であり、私自身は、本書で描いた崇高で希望に満ちた未来社会を自分の目で確かめることはないでしょう。しかし永遠志向に目覚めた人々の高貴な精神が、そう遠くない将来世界を変え、人々を幸せにし、そして人類をさらに強く、正しく、美しくするであろうことを信じています。

さあ私とともに、死を克服することで閉塞の現代を抜け出て、期待に満ちた来たるべき理想の社会を夢見ようではありませんか。

２０１９年８月　　渡辺通弘

◆目次◆

第3章　創造経済の新たな四本の柱……60

第8章　民主主義の弱体化とその建て直し

第9章　歴史記録……147

第10章　現世に来世を創る……153

第11章　永遠志向社会での生活と教育……160

第12章　究極の幸せ……182

第1章　強欲資本主義との決別

1 資本主義は限界にきているのですか？

資本主義は自由な経済競争とテクノロジーの組み合わせによって、人々の生活水準を飛躍的に高め、利便性を増し、平均寿命を延ばすなど、かつてない繁栄をもたらしました。その中核をなす市場（マーケット）経済は、間違いなく人類史上最も効率的な経済制度だったのです。しかしそれは同時に、金さえ儲ければよいといった拝金主義をはびこらせ、その結果、儲けを優先させることで自然環境を破壊し、資源を枯渇させ、天文学的な財政赤字のつけを次の世代に押し付けています。大企業による市場の独占や、ハゲタカ投資家による企業の買収などによって、資本主義の大前提である競争原理も働かなくなってきています。しかも一握りの金持ちが富を独占し、大多数の人が相対的に貧しくなる格差の拡大をもたらすなど、今日の資本主義経済は多くの問題に直面しており、その限界に近づいていると言われます。特に世界でトップの富豪62人の資産が、貧しい36億人の資産に等しいといった極端な貧富の差は、不満と怒りを生み出し、政治的な安定を脅かしています。富の行き過ぎた不均衡は、平等を求める民主主義と相反するのです。資本主義経済の父と言われるイギリスの経済学者アダム・スミスはその国富論で、個々人が利益を求めて自由に経済活動をすれば、見えざる手によって調和が生まれ、経済は発展すると主張しましたが、彼が生きていたら、今日のこの環境破壊と極端な格差をどう見るでしょうか。

私は、各国政府が足並みをそろえ、環境保護と財政健全化のための思い切った施策を取らない限り、今の形での資本主義経済は、そう遠くない将来に行き詰まると見ています。しかしそうした政策は、経済成長の鈍化を意味することから、経済にしか関心のない国民一般の支持を得られないでしょう。したがって実際に破局が来る前に、今すぐ代替案を用意しておかなければ、収拾困難な事態に陥る可能性が強いのです。この状態を招いたのは資本主義が経済制度として失敗したからでなく、成功し過ぎたため、すべての人の欲望を無限に解き放ってしまったからです。

念のために言いますが、私は過度の金儲けと量的成長だけを追求する短視的な強欲資本主義に反対しているのであって、市場経済と自由競争に基づく資本主義経済そのものを否定しているのではありません。環境破壊に加えて消費財が飽和状態になっていることから、経済成長の鈍化が避けられないこれからの時代において、人々の幸せの確保と人類の未来への貢献という新たなインセンティブ（誘因）を設定することで、仮に低成長になっても稼働し続ける経済の構築を提案しているのです。それが創造経済という、第2章、第3章で提案する未来志向の経済です。

2 誰でもお金は欲しいのに、なぜ拝金主義ではいけないのですか？

あまり金の心配をせず暮らしたいというのは、古今東西を問わず誰もが願うことです。しかしそれは経済的に安定した生活をすることであって、度を過ぎた贅沢をし、使いきれないほどの金を溜め込む拝金主義とは根本的に違います。人には物欲だけでなく、理想、正義、博愛、礼節など、人間だけが持つ高い理念が求められます。それは人類が幸せになり、末永く繁栄するのに不可欠な精神的基盤です。過剰な金銭欲に捕られ、人としての理念を忘れた者は、かつては守銭奴と蔑まれ、新約聖書でも「金を愛するは、もろもろの悪しきことの根なり」（テモテへの手紙第一・第6章）と言われ、あるいは「清く貧しく」が美徳とされるなど、限度のない金儲けに対しては、道徳的、社会的な抑制があったのです。しかし今日の資本主義社会では、そうした抑制はすべて無くなり、金儲けだけを唯一無二の人生の目的とする風潮が一般化し、人類は道徳的な廃頽《はいたい》に直面していま す。老いも若きも金儲けに目を血走らせ、詐欺や詐欺まがいの商法が横行し、大企業までが利益を優先するため不正を行っています。タックスヘイブンを使った大掛かりな脱税行為がまかり通っています。このままでは社会は欲望にまみれ、何でもありの修羅場になってしまうでしょう。

金儲けだけを成功の尺度とする今日の風潮は、異常です。人間の価値は、その人がいくら金を持っているかではなく、どのように人々の幸せと社会の進歩に貢献しているかで測られるべきなのです。もし人々がこの当たり前のことに気付きさえすれば、無駄な贅沢や不必要な蓄財を追う拝金主義は消滅するでしょう。

3 自然環境が破壊されると言いますが科学的な根拠があるのですか？

1972年に、世界の識者たちが集まって世界の問題を話し合ったローマ・クラブが、科学者の意見も聞いてまとめた「成長の限界」という報告書で、「人口増加や環境破壊の傾向が今後も続く場合、100年以内、いやおそらくは50年以内に環境の汚染と資源不足で、世界経済は成長の限界を迎える」と警告しました。

残念ながら、それからほぼ半世紀を経た今日、人口の増加と環境破壊は依然として加速しており、ローマ・クラブの予言が現実のものとなろうとしています。

特に大気や海水の温度が上がる地球温暖化については、ほとんどの科学者が、その進行が早まっていると警告しています。ＩＰＰＣ（国際植物防疫条約）により行われた最近の調査は、何らかの手段を講じない限り、今世紀末には世界の平均気温が最大で４・８℃上昇すると予測しています。そうなれば北極やグリーンランドの氷が解け、海水温の上昇によって海水の体積が膨張することもあって、多くの都市や耕作可能地が海面下に沈んでしまうのではないかと危惧されています。石油、石炭などの化石燃料が生み出す二酸化炭素などの温室効果ガスと、それを吸収してくれる熱帯雨林が過剰な開発によって減少していることが、その主な原因です。

温暖化は確実かつ急速に進行しています。皆さんも、日本を含め世界各地で、毎年のように観測史上最高の異常な高温が報告されていることは、天気予報などで聞いているでしょう。そのためもあって、世界中で大規模な洪水や高潮、山火事、干ばつ、そして巨大台風が多発しています。またアメリカやヨーロッパで報告されている冬の嵐や異常な寒波も、温暖化が原因です。我々が手をこまねいていれば、こうした傾向は今後急速に強まり、やがては経済の崩壊を招き、さらには人類の存続すら脅かすことになるでしょう。それなのに政治家も国民も金儲けに気を取られ、この問題に真剣に取り組もうとしません。人類は短期的な経済成長に固執することによって、愚かにも自滅への道を辿っているのです。

4 でも世界中で環境を守る努力がされているのではありませんか？

その通りです。例えば1997年の国連気候変動枠組条約締約国会議で採択された京都議定書や、2015年に採択されたパリ協定は、温暖化の原因になる二酸化炭素などの排出量を制限することで、気候の変動の抑制を定めており、また多くの国際非政府組織（NGO）や科学者などが環境保護の運動を精力的に行っています。ヨーロッパ諸国やカナダなどは、温暖化に最も悪い影響を与えると言われる石炭火力発電を全廃する方向を示し、風力や太陽光発電に切り替える努力をしています。世界最大の二酸化炭素排出国の中国も、２０１９年から生産台数の一定割合を電気自動車にすることを自動車メーカーに義務付けています。

２０１８年12月に開かれた国連気候変動枠組条約締結国会議では、２０２０年以降にすべての国がパリ協定で定めた共通ルールの下で地球温暖化防止策を実施することが同意されました。しかし残念ながら中国に続いて世界第2位の二酸化炭素排出国であるアメリカのトランプ政権が、パリ協定からの脱退を表明するなど各国の足並みが乱れがちで、世界全体では期待されるほどの成果が出そうもありません。しかも科学者の間では、産業革命以後の気温上昇を２℃未満、できれば１・５℃未満に抑えるというパリ協定が定めた目標では、温暖化を食い止めるには不十分だという声が強いのです。それなのに日本政府は、経済性が高いという理由で石炭発電所の全廃に消極的です。今日の先進国の人々は、かつて自然と調和した生活を送っていた人々と比べ、一人当たり数百倍もの資源を消費し、その過程で環境を破壊し、温暖化を引き起こしているのです。資源については代わりの原材料が見つかる場合もあるのですが、温暖化の場合、一旦上がってしまった温度を人為的に下げるのはほとんど不可能なのです。

5 なぜ世界は環境保護に非協力的なのですか？

大雑把に言ってその原因は三つあります。一つはもし成長が止まれば投資は減少し、株の値段も下がり、失業が増え、いわゆる不況が起き、資本主義経済が成りゆかなくなると考えられていることです。だから破局が近づいているのを知りながら、経済成長を維持するために、資源の浪費や環境破壊を容認せざるを得ないのです。第二には、後進国や発展途上国を中心に世界の人口が急増しており、それを養うためにも、環境汚染には目をつぶって経済成長を維持するしかないのです。第三には、現代人が目先の金儲けに気を取られ、自分の生涯を超えた長期的な視野で物事を考えなくなっているため、環境の崩壊や資源の枯渇がまだ先のことだと高をくくり、それが後の世代を苦しめることなど、誰も気にもかけないからです。未来の世代が抗議のしようもないのをいいことに、彼らの犠牲のもとで、自分たちだけが良い生活をしようとしているのです。今や子孫繁栄などという言葉は死語になっています。目先の利益のために人類の将来を危機に晒す現代人の愚かさと身勝手さには、言葉もありません。

これ以上環境に過度な負担を掛けず、しかも人口が急増し飢えと貧困に苦しむ後進国については、それなりの経済成長を認めるとすれば、先進国は経済成長政策を変更しなければならないでしょう。しかしそれは、成長を前提とした資本主義経済の停滞を意味するのです。

6 資源が枯渇するということですが、本当ですか？

資源とは通常、人の生活と経済活動に必要な原材料を指します。その中でも最も重要なのが水資源で、地球上の水の内、利用できる淡水は1％程度と言われ、工業用水、農業用水、生活用水に使われ、世界的に不足傾向が強まっています。水不足や水の汚染によって、毎年数十万人が病に侵されたり死亡しています。自然環境も資源なのですが、森林の過剰な伐採で土壌が荒廃し、砂漠化などによって耕作可能地が減少することで、農業生産が頭打ちになっています。現在の経済的繁栄は、そうした脆弱で不安定な基盤の上に築かれているのです。個人も社会も、テクノロジーがすべての問題を解決してくれるという、根拠が希薄で無責任な楽観的見方に基づき、無軌道な資源の浪費を続けて人類の将来を危うくしています。

この上、先進国の数倍の人口を抱えた途上国や後進国の人々が経済成長を遂げ、先進国に倣って自動車を所有し、エアコンを使い、高たんぱくの食事を増やしたら、母なる地球は間違いなく壊れてしまいます。そしてその責任は、野放図な金儲けと過剰な贅沢という悪しき先例を作った先進社会にあるのです。その我々がどうして後進国の人たちに贅沢をするなと言えるでしょうか。

7 でも実際には石油も食料も増産されているのではないですか?

事実石油の場合は、アメリカでのシェールオイルの開発などで生産量が増えており、後50年以上は持つと言われます。でも50年というのは、人類の歴史から見ればほんの一瞬のことであり、今のままの消費を続ければ、私たちの孫の代には確実に枯渇するのです。食料についても、品種改良や森林を伐採して農地化することで何とか増産を維持していますが、それも限界に近づいていています。世界的に水不足が深刻化していますが、農業は利用可能な水資源の7割を使っているといわれ、その面からも食料の増産には限界があります。そうなれば後進国や途上国の人口増加と温暖化の影響もあって、世界規模での食料不足が起きるのは避けられないでしょう。遺伝子操作などハイテクの適用で増産が可能だという説もありますが、食物の遺伝子操作は予期しない副作用（バイオハザード）が危惧されています。また食糧難以前に食料の価格が高騰し、貧しい人々を苦しめるのです。国連の報告によると、今日世界で飢餓に苦しむ人は、すでに8億2100万人に上ると言われます。

8 人口増加が大きな問題になるのですね？

そうです。国連が発表した人口予測によると、現在約74億人いる世界の人口はアフリカなど途上国を中心に、毎年約8300万人ずつ増加しており、今世紀末には112億人を超えると見られています。その一方で水資源の不足に加え、気候の変動などで農業が頭打ちとなり、世界規模の食糧難が発生する可能性が高いのです。後進国では、かつては多産多死の傾向がありましたが、医療や衛生の進歩などで多産少死になり、それが人口の急増につながったのです。人口過多とその結果としての食糧不足は、近い将来人類社会が抱える深刻な問題になることは間違いないでしょう。

人口増加が生む今一つの問題は、貧しい国々の人口が急増する一方で、日本を含む多くの先進国の人口が減少するか停滞しているため、世界の人口バランスが歪むことです。その結果大量の飢えた人々が難民となって豊かな先進国を目指してなだれ込む、民族移動が発生する可能性があるのです。今でも先進諸国は南からの移民の流入問題で苦慮していますが、将来桁違いの数の飢えた人々が北に向かえば、収拾のつかない事態にもなりかねません。この南北問題は、放置すればいずれは人類社会を根底から揺るがす人類史上最悪の問題に発展するでしょう。それを事前に防ぐには、経済協力によって後進国の経済を安定的に発展させ、食料の自給を可能にし、移民の大量発生を防ぐとともに、これらの諸国に計画的な人口政策を取り入れる努力を求める必要があります。しかし産児制限は人道上あるいは宗教上の配慮も必要で、あくまでも当事者の自発的な合意が前提であることから、人口増の流れを変えることは容易ではないでしょう。

私は人口問題解決の鍵は、後進国における女性の地位の向上にあると思っています。子供を生み育てる立場の女性の地位と発言力が強まれば、彼女らは当然に生活の質の向上を求め、自分たちの意に沿わない出産には反対するでしょう。その結果先進国社会のように、過剰な出産は抑制されるのです。日本を含む先進国も、二十世紀中ごろまでは人口増から多くの移民を海外に送り出してきており、後進国を批判できる立場にはありません。しかし世界的な人口過剰と環境への負担の増加は、人類の存続に係わる深刻な事柄であり、国際社会が一刻も早く、女性の地位向上を軸としたこの問題への対応策を検討することを期待します。

9 なぜ各国政府はもっと健全な経済政策を導入しないのですか？

それは政府も企業もまた一般の人々も、自分たちが豊かな生活ができれば、子孫がどのような苦境に陥ろうと知ったことかという、許しがたい利己主義の権化になっているからです。今儲かり贅沢さえできれば、自分が死んだ後のことなどはどうなってもかまわないという無責任さこそが、強欲資本主義の最大の悪なのです。国の財政についても、日本の場合景気刺激政策で、国民総生産（ＧＤＰ）の倍以上にあたる１１００兆円を超える途方もない財政赤字を積み上げ、日銀もまたマイナス金利という異様な金融政策で景気を下支えしていますが、そのつけは私たちの子供や孫が負担するのです。このままでは、次の世代は、赤ん坊も含め一人当たり９００万円に近い借金を抱え込むことになります。その第一の責任は人気取りから放漫財政を続ける政府にありますが、それを容認している貴方も私も、子供や孫に途方もない借金を付け回して贅沢をするという、許しがたい大罪に加担していることを忘れてはいけません。今のままでは現代人は、後の世代から人類を苦境に追い込んだ無責任な世代として、強く非難されるでしょう。

10 豊かになれば人は幸せになるのではありませんか？

生活を維持するだけのお金がないことは人を不幸にしますが、だからと言って、金さえあれば幸せになるわけではありません。金持ちになると、資産を管理する心配とか、金目当てではないかとの猜疑心から周囲の人と心を割って付き合えなくなるとかで、かえって心労が増え、孤独に苦しむこともあるのです。古いことわざにあるように、「欲多ければ身を損ない、財多ければ身をわずらわす」のです。金儲けを人生の目的としている人の場合は、その目的を達成したことでかえって生きがいを失う傾向もあります。

忘れてはならないのは、金銭欲は人間の本性である権力欲（私はこれを優位志向と呼びます）の一つで、金がすべての価値の基準となった資本主義社会では、金をどのくらい持っているかではなく、他の人より多く持っているかどうかが重要になることです。このため、何不自由ない豊かな人も、自分より多くの金を持つ人を見ると劣等感に駆られ、不幸に感じるのです。こうして金を使うのではなく貯めることが目的となり、生活に困っていない人も金儲けを際限なく追及するのです。現行の資本主義は、一握りの富裕層を除く圧倒的大多数の人々を欲求不満にするシステムです。トリクルダウン（滴り落ち）説と言って、富裕層を豊かにすれば低所得者層にも利益が回ると唱える経済学者もいますが、それは経済が優位志向に基づき動いているという事実を理解しない愚かな説です。人々が求めるのは平等です。乞食でもない限り、いったい誰が金持ちのおこぼれを貰ってありがたがるでしょうか。

諸悪の根源は極端な格差で、比較的平等な社会では、人は収入が多くなくてもそれほど不満は感じないのです。言うまでもなく、経済的格差を完全に無くすことは不可能なばかりか、かえって社会を停滞させます。格差が極端でない限り、それは人々の競争心を刺激し社会を発展させる原動力になります。しかし追いつくのが不可能な極端な格差社会では、人々は競争を諦め、不満だけが残るのです。この観点から、富を必要以上に貯め込む富豪などは、社会にとって有害無益な存在です。彼らは、人々が自分の富をうらやましく思うのを見て優越感を感じる俗物にすぎません。我々は、それなりの生活が維持できれば、特に金持ちではなくても幸せになれることを知るべきです。金銭欲や物欲はほどほどに抑え、身の丈に合った生活をするのが幸福への秘訣です。

11 金持ちは不幸になるということですか？

もちろん幸せな金持ちもいるでしょうが、同時に不幸な金持ちも多いのです。私は何人かの大金持ちを個人的に知っていますが、彼らが特に幸せだとは思えません。食べるのにも困るような貧しさに苦しんでいる人の場合は別として、一般的に言うなら、幸せと収入や資産の多寡とは直接的な関係はないのです。例えばいくつかの調査によれば、年収が10万ドル（約1100万円）前後を超えると、仕事が増えたり責任が重くなることなどもあって、自分が幸せだと考える人が減ることが報告されています。一方で、フィジーやブータンと言った世界でも最も貧しい国の人々が、かえって幸福度がとても高いのです。ブータンを例にとるなら、国民一人当たりの年間国民総所得（GNI）は2720ドル（約30万円）で、日本の10％にも達しませんが、国勢調査では国民の98％が幸福だと答えています。

こうした事実を見れば、富の獲得だけを人生の目的とすることがいかに無意味か、お分かりになるでしょう。つまるところ金で幸せは買えないのです。

12 それでも人は金持ちに憧れるのではないでしょうか？

それは人によると思います。富が最高のステータスシンボルだと考える人は、金持ちへの憧憬を強めます。貧しい人も金持ちに憧れます。また貴方が、その富を見せびらかすことで虚栄心を満足させ、あるいはお金の力で人の心を支配しようとするなら、金持ちになりたいと思うでしょう。えばりたい人、見栄っ張りの人、金儲け以外に人生の目的を持てない人が金持ちになりたがるのです。でもそれはいわゆる成金根性で、心ある人からは軽蔑の目で見られるかもしれませんね。また不必要に贅沢なものを売りつけて儲けようとする企業の販売戦略なども、金持ちへの憧れを掻き立てていると思います。

一方、社会に対する貢献によって適切な対価を得て金持ちになり、その金を寄付や社会事業によって人々の役に立てるのは、尊敬すべきことです。現代社会の問題点は、金さえ持っていれば、それがどのようにして得られたのか、そしてどのように使われるのかは誰も気にしないことです。社会への貢献度なり人格の立派なことが収入や資産以上に評価される社会になれば、金持ちや度を過ぎた贅沢への憧れは薄れるでしょう。でもそうなれば、利潤追求を唯一の目的とした今の資本主義は求心力を失い、変わらざるを得なくなるでしょうね。

13 日本人は世界でも金持ちだと言われますが幸せなのですか？

政府が2018年8月に発表した国民生活に関する世論調査では、現在の生活に満足していると答えた人が、過去最高の74・7％に上るとのことです。これを見た人は、日本人は幸せなのだと思うかもしれません。しかし満足していることと、幸せとは別物なのです。この世には不幸せでも満足している人もおり、一方幸せでも不満足な人がいるのです。

高齢者が生活に満足しているのはとても良いことなのですが、18歳から29歳までの若者の間で83・2％と満足度が一番高いことは深刻な問題です。いつの時代でも、理想に燃えた若者が現状に対する不満を持つことで、社会が進歩してきたのです。その若者が今の生活に満足し、自分を向上させ、世の中をさらに良くする意欲を失っては、社会は旧態依然のままに留まり、停滞してしまいます。それは若者が理想も夢も失ったことであり、この世にはびこる悪や不正、飢餓や貧困、環境破壊、そして不幸な人々の存在などに目をつぶり、自分のことだけしか考えないことを意味しており、日本の将来にとって極めて憂慮すべきことなのです。若者が不満の声を上げない限り、人類の将来を脅かす環境破壊や放漫財政は是正されないのです。私は第11章で述べる受験勉強と偏差値教育が、こうした無気力で利己的な若者を生んだのではないかと疑っています。

重要なのは、人々が客観的に見て幸せかどうかです。残念ながら世界規模で行われたいくつかの幸福度調査では、日本はいずれも不幸な国とされています。例えば国連が発表した世界幸福度調査では、日本は、世界屈指の高いＧＮＰ（国民総生産）を持ちながら、幸福度は２０１７年の51位、２０１８年の54位から、２０１９年には58位と下がり続けています。これは先進国では最も低く、コロンビア、ウズベキスタンなどの途上国以下です。また国際ＮＧＯのNew Economic Foundationが２００６年に発表した世界幸福度調査でも、対象国１７８カ国の内日本は第95位とされています。

その原因としては、日本社会は人生の選択の自由、健康寿命、寛容さ、相互の信頼、社会への貢献、といった点に欠けていることが挙げられています。その他にも、過労死が問題になる劣悪な労働環境や、本来人生で最も楽しいはずの思春期・青春期を、受験勉強や塾通いで重苦しいものとしていることも、幸せになる妨げになっています。また男女格差が世界１４４カ国中で１１４位（２０１７年版「ジェンダー・ギャップ指数」）という恥ずべきレベルに留まり、非正規雇用者や一人親世帯を中心に貧困率が年々増えています。金融庁は年金生活の夫婦が20年から30年生きるには、２０００万円の貯金が必要だと発表し、多くの高齢者を絶望させています。先進国で唯一若者の死因の第一位が自殺だという事実も、深刻に受け止めるべきです。健全な個人主義と人権意識が欠けているため、パワハラやセクハラ、マタハラ、いじめが横行しています。子供や配偶者への虐待も増え、国連子どもの権利委員会からも勧告されています。地域コミュニティーが崩壊し人々を孤独にしているのも、深刻な問題です。宗教の影響力が減退していることも、無関係ではありません。それに加えて経済成長の鈍化が、金儲けがすべてと考える多くの日本人を、一層不幸にしているのです。

本当のところ、言いたいことはまだ一杯あるのですが、これだけでも客観的に見て今日の日本人が不幸だということは理解していただけたと思います。政府やメディアも自己欺瞞に陥り、この事実に真剣に対応しようとしていません。本来理想と正義感を持つべき若者たちが自己満足に陥り、この状況を見て見ぬふりをしていることこそが、その最大の原因です。

国民を幸せにするのが政治の責任だとすれば、日本の政治は明らかに失敗しています。日本人を幸せにする第一歩は、富裕層をさらに豊かにし格差を広げる経済成長ではなく、日本国憲法第二五条が定めた「健康で文化的な最低限度の生活を営む権利」を全国民に保障することです。日本のＧＮＩ（国民総所得）は、富の配分を適切にすれば、すでに全国民に健康で文化的な生活を保障するのに十分な額に達しています。この事実を無視して、大企業と富裕層に有利な経済成長政策を優先する政府は、国民一般に対する責任を軽んじているのです。

しかし見方によっては、今不幸だということは、もっと幸せになる余地があるということでもあります。我々が勇気をもって、自分たちが不幸だという事実を自覚することが、日本という国を、そして貴方を、より幸せにする第一歩となるのです。

14 かつて日本人はもっと幸せだったという人もいますね?

そうですね。それは必ずしも年寄りの懐古意識とは言い切れないのです。これはあくまで私の感覚的な判断ですが、今の人々に比べ、高度経済成長期以前の日本人の方が、貧しくはあっても金持ちも少なかったので皆が中流意識を持ち、将来への夢を抱き、家族に囲まれ、濃密な近所付き合いがあり、受験勉強もないなど、もっと幸せだったのではないかと思います。言い換えれば、日本は経済成長に気を取られすぎた結果、幸せという面を無視してきたとも言えるでしょう。

もっとさかのぼって太平の世が続いた江戸時代を見てみると、多くの証拠が、当時の日本人は人生を楽しみ、幸せだったということを示しています。もちろんこの時代、人は士農工商の身分制度で縛られ、飢饉の時もあり、また過酷な年貢米の取り立てで苦しむ農民がいたことは事実です。しかし当時の資料を見てみると、平均的には、人々はとことん人生と遊びを楽しんでいたのです。幕府や諸藩の大名は年貢の減少を恐れて、幸せの根源である遊びを取り締まろうとしました。しかし庶民はその裏をかき、それまで宗教的祭日だった「神休み」を、「人休み」に変えて遊ぶ機会にしてしまったのです。そうした「人休み」は、1818年（文政元年）には、ある地域では年間66日に上ったという記録もあります。（『週刊朝日百科80巻：日本の歴史』「祭りと祭日」P68-71）

またお伊勢参りや富士登山、お祭りなどに代表される宗教行事は、庶民の遊びのエネルギーの吐口になっていました。例えば1830年（天保元年）には、一年間で当時の人口の一割に当たる223万人がお伊勢参りをしたと言われます。

それが実際には観光旅行だったことは、十返舎一九の『東海道中膝栗毛』を読めば明らかです。江戸と伊勢との往復には約一月掛かったことから、当時の人々は、現代人以上にバカンスを楽しんだとも言えましょう。江戸などの都会では、芝居や相撲、花見や月見などの野遊びが大流行し、江戸八百八町で稽古事の師匠がいない町はないと言われるほど、遊芸が盛んでした。旦那芸といわれるように、武家や商人たちも、能や小唄などの芸事を嗜むことが一般的でした。貧しいとされた農民ですら、大金を掛けて村芝居や勧進相撲を開き、農閑期には一カ月もの湯治をするのが当たり前でした。そしてこの遊びこそが人々を幸せにし、歌舞伎や浮世絵、工芸などの、世界に誇る江戸文化を生んだのです。この時代に庶民がこれほど人生を楽しんでいた民族が、他にあったでしょうか。

当時の一般の人々がそれほど不幸でなかった今一つの証拠は、江戸時代を終わらせた明治維新は、支配階級に属する下級武士が欧米の植民地主義に危機感を募らせて起こした政変で、十八、十九世紀にヨーロッパ諸国で起きた革命のような、圧政と貧困に苦しんだ庶民が止むに止まれず起こした民衆蜂起ではなかったことです。当時の庶民は革命を起こさなければならないほど不幸ではなかったのです。

しかし明治時代に入ると、富国強兵の旗印のもとに、政府は学校教育を通じて国民に働くことが絶対的な義務だという考え方を押し付け、日本人は人生を楽しむことを忘れて働きアリになったのです。そして今日でも、そうした労働第一主義が残存し、日本人から幸せを奪っています。日本人の多くは過労死になりかねないほど働かされ、それでいて仕事に生きがいを感じられず、しかも一人当たりの生産性は、先進国で最低に留まっているのです。

時代は変わり、近い将来には人工知能（ＡＩ）がほとんどの知的作業をこなし、人は意に沿わない労働から解放される可能性が強いのです。日本人も、そろそろ金のために働くのではなく、自分の理想を実現することに専心すべきではないでしょうか。それこそは創造と幸せの根源であり文化の基盤であって、後述の創造経済を築く上で最も必要な要素なのです。賃金を得るための労働だけを重視し、それ以外の建設的活動の価値を無視するという考え方が、世の中を息苦しいものとし、人を不幸にしているのです。人間は金を稼ぐために生きているのではないのです。

15 資本主義を無くせば世の中は良くなるのですか？

それがそれほど単純ではないのです。例えばそれに代わる仕組みがないまま資本主義経済が崩壊すれば、収入が減り、不況が深まり、失業が増え、人々の不安と不満が爆発し、社会不安を起こす可能性が強いのです。1929年に始まった世界恐慌が社会を混乱させ、第二次世界大戦の引き金の一つになったことからも、経済の不調がもたらす事態の恐ろしさがお分かりになるでしょう。

経済学その他の分野の学者たちが、資本主義に代わる有効な経済の仕組みを提示できないことが問題です。本当のところは、国も企業も学者も現行の資本主義の限界に気付きながら、現実的な代替案が提示できないため、小手先の対応で人々の目を真実から逸らし、時間稼ぎをしているのです。資本主義がその矛盾にもかかわらず存続しているのは、それに代わる有効な経済制度が提案されていないからに過ぎません。

16 資本主義に代わる経済の仕組みはあるのですか？

前にも述べたように、私は企業、金融、自由競争と言った資本主義的な経済制度は、経済面から見れば人類史上最も効率的な仕組みだと思います。そして人々が金儲けといった低い次元の目的だけではなく、社会や人類の進歩への貢献、より美しくより優れた製品の生産、人々の幸せと健康の向上といった高い理念に基づき経済活動を行えば、今ある資本主義経済の仕組みは、そのまま新たな経済の担い手となり得るでしょう。そこでは経済の量的な成長ではなく、質的な向上と人類の未来への貢献を目指すのです。企業でいえば、会社や株主の利益ではなく、従業員と人類社会の利益を優先するのです。経済格差を最小限に抑えることも必要です。それが私の唱える創造経済です。それを資本主義の継続と見るか否かは、見方によって異なるでしょう。金儲けではなく、人類の未来をより良くすることを目的とした、成熟期の資本主義とも言えると思います。

17 金儲けに夢中な人がそのような高邁な理想に耳を傾けるでしょうか？

もし人が自分のことだけではなく、子供や孫たちの幸せも考え、人類全体が存続することの重要性に気付きさえすれば、誰でも単なる金儲け以上の理想を持つでしょう。二十世紀初めに活躍したドイツの社会学者マックス・ウェーバーは、資本主義は、宗教改革を実現したプロテスタント（新教徒）の高い倫理観に支えられた市民経済だと主張しました。日本でも、江戸時代に活躍した近江商人は、先義高利栄（義理人情を第一とすれば利益は上がり、商売は繁盛する）を合言葉に商売をしたのです。また明治の実業家渋沢栄一は、「私利を追わず公益を図る」ことを生涯の合言葉にしていました。倫理や理想と商売は両立し得るのです。消費者が物を買う時、その生産者が社会貢献や環境の改善に協力しているか、そしてその製品が本当に社会を向上させるかなどを購買の要件とすれば、良心的な企業が栄え、利潤を追求するだけの企業は生き残れなくなるのです。要は教育と啓蒙で、人々の幸せと子孫の繁栄こそが経済の究極の目的であることを、人々に認識させるのです。人間以外の生き物は皆、そうした種族保存の本能によって行動しています。高い知性を持った人類なら、必ず種族保存本能に気付き、将来の世代に貢献する必要を理解するでしょう。そしてそうした自覚が、次の章で述べる創造経済を形作るのです。

私はそうした経済の変換が容易に達成できるとは思っていません。特に金持ちや既得権で肥え太った利己的な人々と、彼らの支持で権力を握った政治家たちからの強い反発があるでしょう。しかし人類にとって、資本主義経済の変革以外の選択肢はないのです。それは我々が変わるか、それとも我々の子孫に壊れた地球を相続させるかの二者択一なのです。

第２章　創造経済（Creative Economy）

18 そもそも創造経済とは何ですか？

創造（creation）とは、神が無から人間を含む万物を作りだしたことを指す宗教的な言葉です。今日では一般的には、例えば芸術作品や発明発見など、これまで存在しなかったものを新たに作り出すことを意味します。そして創造経済とは、金儲けではなく、これまでなかった、そして人類社会に役に立つ物なり仕組みを創り出すことを目的とした経済です。それは金持ちが憧れの的になるのではなく、人類社会に何らかの貢献をした人が尊敬される仕組みです。経済に人が支配されるのではなく、人が人類社会のために経済を利用する仕組みとも言えましょう。もちろん事業の継続のために利潤が必要ですが、それは経済活動の結果であって、目的ではなくなるのです。

創造経済は新しい概念ではなく、有史以前から存在していました。そもそも経済のギリシャ語語源 oikonomia は、家計のやりくりを意味していたのです。人類の知恵が増し、より安定した社会が生まれると、人々はより良い生活を求めるようになり、いろいろと工夫をし、新しい道具や住居、衣服、そして装飾品などを生み出してきました。そうした生活向上のための創造の積み重ねが、文明を生んだのです。しかし人口が増加し、社会規模が巨大化すると、貨幣が導入され、やがて生産活動の目的が金儲けに変わり、創造はそのための手段に過ぎなくなりました。そしてそれが、今日の資本主義につながったのです。

19 資本主義経済と創造経済はどこが違うのですか？

創造経済の仕組みは、資本を投下して製品を生産・販売し、その儲けを再生産のために投資するという意味では、形態的には現行の資本主義とあまり変わらないと思います。会社組織も金融機関も存続するでしょう。前にも述べたように、根本的に違うのは形態ではなく目的であり、当事者の意識です。現行の資本主義経済の目的は、より多くのお金を儲けることなのに対し、創造経済の目的は人々に創造の機会を与え、人類社会あるいは子孫の役に立つ物や仕組みを作り出すことにあります。要は制度ではなく、発想の転換です。

個人を富ますのではなく、人類全体の利益に配慮するという考え方は、一見経済的平等を目指した社会主義に見えるかもしれません。しかし創造経済が目指しているのは、富や生産手段の私有化を前提とした資本主義の仕組みが、経済的には最も有効なものであることを認めた上で、経済活動の目的を個人的な富の追及から、人々に生きがいを与え人類全体の利益にもなる創造に置き換えることです。そして資本主義経済の欠点である行き過ぎた利己主義や拝金思想と、それが生み出す格差と環境破壊という弊害を是正することです。

20 創造経済で企業はどう変わるのですか？

資本主義経済の中で最も重要な企業という組織は、創造経済でも経済活動の中心的な担い手として存続するでしょう。違いは創造経済においては、企業の評価に当たっては収益が多いかどうかだけではなく、いかに人類の存続や人々の幸せに貢献するかも考慮されることです。その企業が働く人々に創造の場を与えているかどうかや、環境保全に協力しているかも評価されます。こうして企業は、金儲けの組織から創造と人類社会への貢献の場へと変質するのです。そこで働く人々は、もはや金儲けに奉仕するのではなく、人類の未来のため、そして自らの理想と創造意欲を達成するためのチームの一員として努力するのです。31節で述べるように、利潤を求める営利企業と公益を追求するＮＰＯ（非営利団体）のハイブリッド（交配）化が一般化するのです。

いずれにせよ、資源が枯渇し環境が危機に晒され、しかも物が余ったこれからの時代においては、経済の継続的な高度成長は望めません。それでも優良企業の多くは生き残ります。利潤がすべてである今日の企業と異なり、創造と人類社会への貢献を目的とする創造経済では、一時的な収入減は企業にとっては我慢の時に過ぎません。賃金のためではなく創造のために働く従業員にとっても、賃金の多少の減額は、34節で述べるベーシック・インカム制度の導入により貧困が撲滅されることもあり、余分な贅沢を一時我慢する程度の意味しか持ちません。

創造経済でも利潤の低下は愉快なことではありませんが、必ずしも企業の倒産にはつながらないのです。なぜなら創造経済においては、国も、銀行や投資家も、収益率が低くても社会に役立つ企業やNPOを優先的に支えるからです。そうしなければ、彼らは社会から厳しい批判を浴びるでしょう。また優良レストランに星を付けるミシュランや日本のJAS（日本農林規格）のような公平な評価システムが広がれば、購買者もそうした基準で物を選ぶようになるので、従業員に創造の場を提供し、環境に優しく、社会に貢献する優良企業は、営業の面でも営利だけを目的とした強欲企業よりも優位に立つでしょう。

21 創造経済では働き方が変わるのでしょうか？

それこそが、資本主義経済と創造経済の最も大きな違いなのかもしれません。例えば今日の資本主義経済では、利潤を上げるための薄利多売が中心となり、安価な商品を大量に作るため生産過程がオートメーション化され、労働者は単調で退屈な労働を強いられがちです。しかし人々が創造を追求する社会では、機械の一部となった退屈な労働などに人を集めることは難しくなるでしょう。多くの人は、金よりは誇りと夢のために働くのです。そして賃金が安くても心が満たされる創造活動や奉仕活動を選ぶでしょうし、また買手も、大量生産された安物よりは、個性を持ち丁寧に作られた良い製品を求めるのです。したがって質の高い芸術的作品が商品の主流になり、製作者は皆自分の作品に署名をし、それが自分の生涯を超えて愛用されることを望むでしょう。創造経済は消費財や商品ではなく、本来、財という言葉が意味した宝物を生み出すのです。宝物は、世襲の財産として何代にもわたって引き継がれることで文化となり、人類全体を豊かにします。それは買い手だけでなく、作り手も幸せにする経済です。

22 それでは製品は高価になってしまうのではありませんか？

それこそが創造経済の目的です。すぐ壊れるような安物を買い、それを使い捨てにするのではなく、美しく、しかも長持ちする優れた製品を作り、世代を超えて長く使うのが創造経済の特質です。それは薄利多売の経済ではなく、高価格・高品質を原則とした経済です。何百年も持つ家を建て、親子の間で引き継がれる衣服や家具を作り、それを修理しながら長く使うのです。そこでは、消費財を大量に売って利益を得るのではなく、次世代に引き継がれるお宝と資産を形成するのです。いうなれば芸術的作品や今で言うブランド商品などの高級品が、流通の主流になるでしょう。そこでは経済活動が文化活動に昇華するのです。それはまた、資源の浪費と環境破壊を防ぐ節約経済でもあります。

私は半世紀にわたり世界のアンティークを収集していますが、その経験から言って、どのような豪華な新商品でも、時代を経た優れ物の持つ重厚さと美しさには足元にも及びません。私は、40年以上前にパリで仕立てた背広やロンドンで買った雨傘、ミラノで買った皮の鞄、父親が残してくれた100年以上前の和服などを今でも愛用しています。本当に良い物とは、長年使い慣れ、自分の一部になったような愛着を持てるものなのです。コンビニで売っているビニール傘やスーパーで売っている安物の衣類などは長持ちせず、結局使い捨てにされます。それは「安物買いの銭失い」で、環境保全にも悪い影響を与えます。例えばTシャツを一着作るのには、綿花を育てたり、製造過程での洗浄等で、2700リットルもの水が使われるとのことです。使い捨ては、環境破壊の元凶なのです。

日本では若い女性の場合、購入した衣類の半分近くは、全く手も通さないかせいぜい1~2度着ただけで捨てられるそうですが、もったいないですね。おしゃれで知られるパリジェンヌのワードローブには、普通10着程度しか入っておらず、それを一生着回ししています。流行などにとらわれず、自分に似合ったものを厳選し永く着るという態度は見習うべきでしょう。それがその人独特の個性と魅力を作るのです。新しい物ばかりを求める傾向は資源を温存し環境を守るという観点からも、是正する必要があります。ヨーロッパなどでは、数百年も経った民家が多く残っており、町並みや風景を風情あるものにしていますが、日本ではまだ使える家を壊して新築することが多く、古民家なども少なくなっているのは残念です。まだ使える家具などが、ごみとして捨てられているのを見るのは悲しいことです。もっと多くの若い人たちに年代物の価値を分かってもらいたいものです。

23 それで日本は国際的な経済競争に生き残れるのでしょうか？

私は創造経済こそが、今後日本経済が国際競争で生き残る最善の道だと信じています。資源に乏しく、人口が減少し、しかも高齢化する日本は、大量生産、大量消費の産業分野では、若い人口が多い国とは太刀打ちできません。日本経済が生き残るためには、他の国には作れないような優れた製品を高値で売る、高価格・少量生産の産業構造に転換すべきなのです。スイスの高級時計やフランスやイタリアのブランド商品がその良い例です。幸い日本は、古くから優れた工芸技術と美的感覚の伝統を持っており、教育と訓練によって個性と技術を併せ持った人材を養成し、ハイテクノロジーを活用し、マーケティングを工夫すれば、世界に冠たる逸品を作り出し、それを世界中に高値で売り込むことができるでしょう。自動車でいえば、10年も持たない大衆車ではなく、世代を超えて乗り継がれる高級車を作るのです。新し物好きと言われるアメリカでも、最近半世紀以上前のクラシックカーを修復して乗るのが流行しています。美術品の例を見れば分かるように、優れた物は古いほど高値を呼ぶのです。

江戸時代末期に日本を訪れた外国人は、異口同音に日本の工芸技術の水準の高さを称賛しています。例えば初代駐日英国大使のオールコックは、『大君の都：幕末日本滞在記』で次のように述べています。

「すべての職人的技術においては、日本人は問題なしにひじょうな優秀さに達している。磁器、青銅製品、絹織り物、漆器、治金一般や意匠と仕上げの点で精巧な技術をみせている製品にかけては、ヨーロッパの最高の製品に匹敵するのみならず、それぞれの分野においてわれわれが模倣したり、肩を並べることができないような品物を製造することができる、となんのためらいもなしにいえる。」(岩波文庫)

私はそうした日本の伝統を再現すべきだと思っています。がらくたではなく、世代を超えて珍重される芸術的作品や宝物を世界に供給する国こそ、本当の意味での物つくりの先進国です。メイド・イン・ジャパンを、最高品質の代名詞にするのです。明治維新前後に、日本の工芸品がヨーロッパで熱狂的に受け入れられ、いわゆるジャポニズムの波が産業だけでなく、芸術や思想にまで大きな影響をもたらしたことがあるのを忘れてはいけません。これからの経済競争は、単なる技術や価格ではなく、芸術に代表される独創性と品質の高さが鍵となるのです。創造経済を確立し、ネオ・ジャポニズムの大波を世界に波及させるべきなのです。

単なる消費財作りから宝物作りに転換するのは容易なことではなく、日本人の美的感覚を高め、伝統工芸を復活し、科学技術の水準を向上させ、職業教育、特に芸術教育や技術教育を強化し、職業紹介制度やマイスター（親方）制度を整備するなど、時間と努力が必要でしょうが、長期的にはそれが日本経済の将来にとって最善の道だと思います。日本の場合人口の減少もあって、その経済は衰退の一途をたどっています。例えばここ30年で貧困率は12％から先進国で最低の15・37％に増え、世界の成長力ランクも1位から25位に落ちており、抜本的な改革なしには経済力の回復は不可能なのが現実で、それを乗り越える道は、創造経済しかないのです。

24 これからはハイテク産業が重要なのではありませんか？

もちろんです。今まで存在しない先駆的なハイテク事業こそ、創造経済そのものなのです。ハイテク産業が重要なのは、それが人類の発展にとって重要なだけでなく、資源を有効に活用することで、環境への負担を軽くすることも期待できるからです。しかし日本は今日、ハードからソフトに移行する世界経済の傾向から取り残され、自動車の完全自動運転技術や遠隔治療と言った第五世代移動通信システム（5G）や、人口知能（AI）部門での独自の技術開発が遅れています。このままでは、これらの分野ではアメリカや中国の技術に頼らなければならなくなるでしょう。IT産業もアメリカのGAFA（Google, Apple, Facebook, Amazon）や、中国のファーウェイに独占されています。経営者が物つくり分野での栄光の記憶から抜け出せないことと、不毛な受験勉強によってAI時代に対応したイノベーション能力を持った人材が育たないことが、この事態を招いたのです。日本は、ハイテク分野での先進国の地位を失いつつあるのです。

絶えず進化を続けるハイテク産業を育てるには、創造性に満ちた人材が必要で、そのためには、第11章で述べる教育の改革が不可欠です。若者を受験勉強に代表されるような、所属や組織と言った既存のレールに乗せるための教育から開放し、知的好奇心と創造力を育成しなければなりません。アメリカのＩＴ産業の発展を支えたのは、グーグルのセルゲイ・ブリン、アップルのスチーブ・ジョブズ、フェイスブックのマイク・ザッガーバーグ、アマゾンのジェフ・ヘソズなど、ほとんどが移民かその二世、三世で、普通教育でなく子供が自由に学習するモンテッソリ教育を受けるなど、既存の常識に捕らわれない型破りの人物だったのです。学歴や国籍などにこだわらず、秀才ではなく天才や鬼才を育て、そしてこれまで物つくり経済を維持するために使われてきた才能と資源を、創造活動とハイテク事業に転用するなどの適切な対策をとれば、宇宙産業、先進医療、コンピューターソフトウェア、そして人口知能（ＡＩ）といった分野において世界をリードすることは、今からでも決して不可能ではありません。ハイテクは創造の産物なのです。

25 まだ創造経済が現実のものになるとは思えないのですが？

創造経済という概念は、私が1982年に出版した『永遠志向』で発表したものですが、そのころ日本人は高度経済成長の余韻に酔いしれ、私が提起した創造経済などに関心を持つ人はなく、またその可能性を示すような経済理論や経済政策も存在しませんでした。そのため提案者である私自身が、創造経済が実現できるかどうか自信がなかったのです。特に、創造経済が経済活動を維持するだけの利潤を生み出すことができるか、自信がありませんでした。

しかし二十一世紀に入り、その心配を払拭する状況が発生したのです。それが次の章で述べる芸術を中心とした芸術創造産業（CI：Creative Industries）の拡大であり、非営利団体（NPO：Non-profit Organization）の成長であり、人工知能（AI：Artificial Intelligence）の急速な発達であり、そしてベーシック・インカム（BI：Basic Income）制度が導入される可能性が高まっていることです。これらが従来の営利企業に加え、創造経済を支える柱となるでしょう。

第３章　創造経済の新たな四本の柱

26　芸術創造産業（CI：Creative Industries）はどの程度発達しているのですか？

イギリスのデジタル、文化、メディア、スポーツ省（ＤＤＣＭＳ）の定義によると、創造産業とは「個人の創造性や技術や技能、才能に由来し、また知的所有権の開発を通じて富と雇用を創出し得る産業」を指し、芸術、文化、コンピューターソフトウェアがその中核を占めます。この政策はブレア首相によって、世界における英国のイメージアップを目的として１９９７年に始められ、一般には「クール・ブリタニア」政策という名称で知られています。創造産業は当初の予測をはるかに超える発展を遂げ、２０１６年には対前年比３・

6%増の2500億ポンド（約36兆円）の売り上げを出しました。これは英国経済全体の14・2%に当たります。また英国全体の雇用者の伸びが対前年度比1・5%だったのに対し、2・5%増の200万人を雇用しており、最も成長率の高い分野の一つとして、英国経済全体の牽引車になっています。

アメリカの芸術産業の成長はさらに目覚しく、大統領直轄の政府機関である全米芸術基金(NEA:National Endowment for the Arts)によれば、舞台芸術、音楽、映画、出版、放送、広告、デザインなどを合わせた芸術産業（Arts Industries）の売り上は、2016年には年額7640億ドル（約80兆円）に達し、自動車産業を凌駕しました。また470万人に雇用を提供しています。これに英国の創造産業の場合のようにITソフトやゲームを加えれば、売上総額はその倍以上になります。芸術創造産業は最も有望な経済分野の一つになったのです。

日本では、芸術創造産業はまだ十分には育っていません。政府は遅ればせながら、2018年3月に「文化芸術推進基本計画（第1期）」を閣議決定し、文化を経済成長政策に繰り込むことを表明しました。基本政策の中の「今後の5年間の文化芸術政策の基本的な方向性（2018～2022年度）」という文書で経済産業省は、文化産業の規模を拡大し、二十一世紀のリーディング産業にすることをスローガンにしています。文化庁も芸術文化を振興することで、産業への波及効果を生むとしています。

芸術創造産業が重要なのは、その効果があらゆる産業、そして国民生活全般に及ぶためです。それは人々の創造意欲を刺激し、デザインや美的感覚の向上を通じて製品の質と価値を高め、情報産業の発展に寄与し、観光事業を拡大し、芸術や文化のレベルを向上させ、人々を幸せにするのです。しかもこの産業は、ほとんどの場合最小限の資源しか消費しないため、環境に極めて優しいのです。言うまでもなく、芸術文化とソフトウエア産業を中核とした芸術創造産業は、創造経済のかなめとなるでしょう。人工知能（ＡＩ）の導入によって、半数以上が職を失うであろうホワイトカラーの多くが芸術創造産業に流入することと、テクノロジーに支配される生き方に不安を感じる人々が創造に人間性を求めることも、芸術創造産業を拡大させる要因です。

27 日本政府の政策が芸術創造産業の遅れに関係しているのですか？

残念ながら最近、国の芸術文化政策が迷走しているのです。例えば政府は、文化庁を文化財が多く存在するからという理由で京都に移転することを決めました。しかし劇場などの芸術関連施設や教育機関、芸術団体などが東京に集中している中で、芸術関連のインフラが貧弱な京都に文化庁を移せば、芸術創造活動が委縮するのは避けられないでしょう。日本の政治家は、その無知から芸術創造という金の卵を生殺しにしているのです。

上述の芸術文化推進基本計画では、伝統文化の尊重が強調される一方で、肝心かなめの芸術の振興についてはあいまいな表現で終わっています。政府はまた最近、国際的にも定着した芸術文化と言う熟語を嫌い、文化芸術と言う聞きなれない言葉を使っています。芸術創造は新たな美と価値を生み出す活動で、その過程において伝統的な文化や価値と摩擦を起こすことがしばしばあります。保守的な政治家は、それが嫌なのでしょう。しかし芸術は文化に新たな血を送り込む、いわば文化再生のための活動なのです。その芸術を軽視すれば、文化そのものが活力を失い、退化します。だからこそアメリカの芸術産業政策も、イギリスの創造産業政策も、芸術創造をその軸に据えているのです。基本計画は「日本を世界に尊敬され、愛される文化の国とする」と謳っていますが、人類共通の宝である芸術を軽視する国を、誰が尊敬し愛してくれるというのでしょうか。また芸術無くして、どうしてこれからの時代の花形である創造産業が振興できるのでしょうか。

28 芸術創造産業の発展にはアートマネジメントの充実が必要だと聞きましたが？

アートマネジメントとは、芸術関連の事業の運営に、企業などの経営で実績を上げた市場開発（マーケティング）、長期計画、仕事の科学的管理といった経営科学の手法を適用することを指します。私は1984年に文化庁芸術課長の時、日本にアートマネジメントの導入を試み、8年かけて国の政策に取り入れることができました。そして1992年には、UCLA（カリフォルニア大学ロサンゼルス校）アンダーソン経営学大学院の客員教授として文化政策を教える傍ら、アートマネジメントの研究を行いました。アートマネジメント専攻の学生も含め、アンダーソン経営学大学院の卒業生には、就職に最も有利とされるＭＢＡ（Master of Business Administration）学位が授与されていました。

アメリカでは、オーケストラやオペラ、劇団、美術館、博物館などは、研究者である学芸員や事務職でなく、経営の専門家であるアートマネジャーが運営しています。それは多くの企業が、経営部門と製造部門に分れているのと同じです。その結果これらの分野は大きく成長し、今ではプロのオーケストラは１２００団体、毎年定期公演を行うオペラ団体は１４０を超えています。メトロポリタン・オペラの場合、ほとんどの上演作品を映像化し、全米数百の映画館で常時上映しています。日本でも東劇や新宿ピカデリーその他の映画館で、メトロポリタンのオペラが５０００円の入場料で定期的に上映されているのはご存知でしょう。またニューヨークのメトロポリタン美術館は、国内だけでなく日本を含む諸外国にミュージアムショップを置き、主として所蔵品のレプリカを売っていますが、売り上げは好調で、収益は美術館の入館料収入に匹敵していると言われます。芸術としてだけではなく、多角化によってビジネスとしても成功しているのです。美術や出版の分野でも art agent, literary agent などが、作品の売り込みから著作権の保護まで一切を担当しています。このようにプロの経営者によって運営されていることが、芸術創造産業が急成長した理由です。

世界的に芸術創造産業が経済のかなめの一つになろうとしている今日、芸術創造活動の発展のためにも日本経済のためにも、アートマネジメントの充実が急務なのです。アメリカとイギリスで芸術創造産業が急速に発展したのは、アートマネジメント教育が１９６０年代から大学院レベルで定着し、半世紀をかけて芸術創造産業の経営担当者の厚い層が育っているためです。

29 日本のアートマネジメント教育に問題があるのですね？

昭和音楽大学はＵＣＬＡと協力して、日本で最初のアートマネジメント専攻学科である昭和音楽大学音楽芸術運営学科を開設し、私はその初代学科長になりました。その後日本でもアートマネジメント教育は広がりを見せ、今では少なくとも45の大学がアートマネジメント教育を行っています。しかし日本のアートマネジメント教育は、三つの大きな問題を抱えており、それが日本の芸術創造産業拡大のネックの一つになっているのです。

その第一は、日本ではアートマネジメントが芸術系や人文系の学部で教える場合がほとんどで、教員も経営科学の専門家は少ないことです。アメリカでは、アートマネジメントは大抵大学院経営学専攻科またはビジネススクールで、芸術関連の職業経験を積み、すでに芸術についての基礎知識を身に付けた学生を対象に教えています。昭和音楽大学では、私が学科長の当時は、UCLAから経営科学の専門家を三代にわたって客員教授として招致し、英語で経営科学に基づくアートマネジメントを教えていました。残念ながら私が退職した後はUCLAとの連携も断絶し、経営学の授業内容も十分とは言えません。経営学抜きの教育では、芸術創造産業が必要とする芸術活動と経営についての知識を合わせ持った経営者が育たないのです。それが日本の芸術創造産業が米英のように大産業に発展するのを妨げ、一部の愛好家を対象とした小規模な活動に留まらせている一因です。経営科学をマスターすることは、営利企業のトップと同じように、アートマネジメント担当者には欠かせないのです。

第二は、芸術創造活動を支える非営利団体（NPO）についての教育が十分でないことです。芸術活動の多くはNPOによって運営されています。次の30節で述べるように、アメリカの場合NPOが営利企業に劣らない規模で事業を展開していることが、芸術産業の拡大を可能としています。NPOの成長なしには芸術活動の拡大もないのです。アートマネジメント教育は、NPO教育をその核に据え、その現状と役割、そして経営基盤強化の方途についてしっかり教える必要があります。

第三は、日本のアートマネジメント教育の場合、芸術の範囲がいわゆる高度芸術あるいはクラシック芸術に限られる傾向があり、大多数の人々が愛好するエンターテインメントやメディアは除外されがちなことです。高度芸術とは、知的エリートを中心とした人々に愛好される個性と精神性が強調された芸術形態です。その結果、一般の人々が愛好する創造活動は、エンターテインメントあるいは芸能と呼ばれて、芸術から除外されていました。

しかし二十一世紀になると、一部の優れたアニメ、映画、そしてポップス系の音楽なども、また、芸術と認められるようになりました。それは芸術創造活動の拡大と民主化の見地からすれば、当然のことです。今は、シンガー・ソングライターのBob Dylanがノーベル文学賞に選ばれる時代なのです。私は、エンターテインメントのすべてが芸術だとは考えていません。しかしアメリカの場合、エンターテインメントとされていたミュージカルをオペラ化した「ポギー アンド ベス」、「ショウボート」あるいは「Little Women：若草物語」などのアメリカンオペラは、私が見た限りその芸術性においてヨーロッパの古典オペラに劣らない水準に達していました。日本においても、アートマネジメントが今後創造経済に寄与するためには、既存の高度芸術だけにこだわるべきではないでしょう。すべての創造活動は、一定の水準に達すれば芸術に昇華する可能性を持つものであり、したがってアートマネジメントは、当然にエンターテインメントも含め、すべての真剣な創造活動に目配りをし、できればそれらを芸術のレベルまで引き上げる努力をすべきです。

日本のアートマネジメント教育は、欧米から30年以上遅れ、１９９０年代に始まったばかりです。したがってその成果が顕在化するのは、まだ先になるでしょう。幸い私が顧問をしている日本アートマネジメント学会を中心に、各大学の教育・研究体制が整備されつつあり、優秀な研究者や実務家が育っています。したがって近い将来に上で述べた課題は解決され、芸術創造産業は成長し、アートマネジメントは創造経済の立役者になると信じています。

30 非営利団体（NPO：Non-profit Organization）の役割が重要なのですね？

ＮＰＯとは、社会を良くするための市民活動が組織化され、法律によって認められた団体を指します。現在先進国の社会経済活動は、政府などの公共セクターと企業などの営利セクター、そしてＮＰＯのような市民セクターの三本の柱によって支えられています。しかし公権力を伴う公共セクターは市民の自由と抵触する可能性があり、また採算を無視することから非効率的になりがちで、日本政府のようにＧＤＰの二倍もの財政の累積赤字を積みかさねるなど、問題を抱えています。一方利益を絶対とする営利セクターは、採算が合わない限り市民の必要には対応しようとしません。したがって健全な市民社会を構成するには、ＮＰＯを中心とした非営利セクターがどうしても必要なのです。ボランティア精神が支えるＮＰＯは、経済だけでなく民主主義にとっても必要不可欠です。

ＮＰＯの活動が世界で最も活発なアメリカにおいては、ＩＲＳ（内国歳入庁。日本の国税庁に当たる）によって税務控除資格を与えられたＮＰＯは、寄付に対して所得税が減免される他、事業収益を上げた場合、それを役員や職員など関係者に分配することは厳禁されていますが、使途が団体設立の趣旨に合致していれば非課税となります。そのため、各団体は積極的に事業を拡大し、基本財産を積み増すことができるのです。アメリカのＮＰＯ支援団体 Giving USA Foundation などによれば、アメリカにはＮＰＯが１４０万団体あり、全就労者の11％に当たる１４００万人を雇用しています。また２０１７年で寄付金４１００億ドル（約45兆円）を含め日本の国家予算とほぼ同額の９０００億ドル（約１００兆円）と言う巨額の収入を得て、活発な活動を展開しているのです。

ＮＰＯがこのように急速に拡大したのは、１９７０年代にベトナム戦争と不況の影響で、福祉や医療などの社会サービスを財政的に保障しきれなくなった連邦政府が、解決策としてＮＰＯの事業収益を非課税にすることで、民間活力を活用しようとしたためです。保守派が伝統的に主張している小さな政府を達成するためにも、ＮＰＯ事業の拡張が必要だと考えられたのです。今日アメリカのＮＰＯは淘汰の過程に入り、数は伸び悩んでいると言われますが、財政的に巨大化した団体が増えています。例えばアメリカ最大のＮＰＯと言われるUnited Way Worldwideは、米国バージニア州に本部を置き、40カ国に１８００の支部を持ち、国際的に教育、保健、災害支援等の幅広い活動をしていますが、その２０１６年の収入は、企業からの寄付を中心に47億ドル（約５０００億円）に達しています。私は創造経済においては、ＮＰＯが営利セクターに匹敵する経済力を持ち、多くの分野で行政に代わり公共的な事業を担うのではないかと推測しています。ＮＰＯこそは、私の言う創造経済の先駆けなのです。

創造経済時代においては、人々はお金のために働くのではなく、創造のため、そして人類社会のために働くのです。したがって給与が安くても、やりがいのある仕事を提供する芸術創造産業やＮＰＯには志望者が殺到するでしょう。例えばアメリカの大学新卒者の間で人気の高い就職先が、Teach for Americaという移民や貧困家庭、そして僻地の子供のために教師を派遣するＮＰＯで、ＧＡＦＡ（Google, Apple, Amazon, Facebook）、ディズニーランドなどの大企業を抑え、２０１０年には第1位となり、その後も5～6位前後を保っています。就職先は選り取り見取りと言われるエリート校ハーバード大学の文系新卒者の五分の一が、このＮＰＯを就職先として志望したとのことです。ＮＰＯではありませんが、政府が後進国支援のために人材を派遣する平和部隊（Peace Corps）もまた、常時10位以内に入っています。もちろん給与は大手営利企業に比べ格段に安いのですが、世の中の役に立ちたいという理想に燃えた多くの若者を引き付けているのです。

31 営利企業とＮＰＯのハイブリッド（交配）化とは何ですか？

アメリカのＮＰＯについて特に注目しなければいけないのは、営利企業に負けない収入を上げるマンモスＮＰＯが現れる一方で、営利にとらわれない社会的な事業を始める企業が増え、結果として営利企業とＮＰＯの活動が重複してきているることです。最近、市民の企業に対する目が厳しくなり、企業に対して環境問題や地域社会への貢献を求め、あるいは社会的責任を追求する声が強まっています。そのため多くの企業が、本来はＮＰＯの守備範囲である慈善活動や社会奉仕などに積極的に参入するようになっています。利潤追求を唯一無二の目的とする古典的な営利企業と異なり、今日の企業は社会的責任が問われるのです。その結果、営利企業とＮＰＯの類似点が増え、個人的な利得を目的とするか否か以外はあまり違いがなくなっているのです。企業が社会事業部門を切り離してＮＰＯを設立するケースも増えています。その一方で事業収入がその歳入のほとんどを占める事業型のＮＰＯが増え、また免税資格を保持するため、収益の多い事業部門を独立させて営利企業にする例も出ています。これがＮＰＯと営利企業のハイブリッド化です。今日非営利事業は、アメリカ経済の重要かつ不可欠な一角を担っています。

このことは、営利企業に匹敵する経済力を持ったＮＰＯと非営利事業を取り入れた営利企業が増えることにつながり、その行き着くところは、資本主義の創造経済化です。それは私が16節で主張した「人々が金儲けといった低い次元の目的だけではなく、社会や人類の進歩への貢献、より美しくより優れた製品の生産、人々の幸せと健康の向上といった高い理念に基づき経済活動を行う」創造経済の端緒が、資本主義の総本山であるアメリカで始まっていることを意味します。

32 日本のＮＰＯはどのような状況にあるのですか？

我が国においても、１９９８年に特定非営利活動促進法（ＮＰＯ法）が制定され、市民が比較的自由に非営利法人を立ち上げることができるようになりました。その結果今日ではＮＰＯ法人の数は５万団体を超えています。また２００８年に公益法人制度関連３法が制定され、社団法人、財団法人などの公益法人が制度として整備されました。しかし公益法人として認められるには、かなりの財産が必要であり、また政府による厳しい監督下におかれるなど制約が多く、現在ではその数は、病院や学校、研究機関、福利厚生組織、芸術団体など合わせて９３００

団体程度に留まっています。

しかしながらＮＰＯは企業や市民からの支援が十分でなく、また事業収益が課税されることもあって、財政基盤が極めて脆弱です。従業者も数人と言った零細な団体が多く、また創立者の高齢化に伴う後継者不足から解散する団体が増えるなど、伸び悩んでいます。そしてそれが我が国における市民社会の健全な発展を妨げているのです。創造経済においては、そうした状況を打破し、健全な公益法人とＮＰＯを育てるため、アメリカのように行政の関与を最小限に留めるとともに、事業収益があっても、それがその団体の設立目的に合致している限り非課税とするなどの制度が導入されるでしょう。それはまた、福祉や教育・文化分野などでの行政の負担を軽減し、国や地方の財政改善にもつながるのです。国家や自治体の財政がひっ迫している日本でこそ、国に頼らないＮＰＯ制度の整備と拡大発展が急務なのです。

33 人口知能（AI：Artificial Intelligence）とは何ですか？

人口知能（ＡＩ）という現象は概念もまだ確立されておらず、定義もまちまちですが、大雑把に言ってコンピューターと連動させることで、人間の知能に近い判断力を持つ機械を作ることと、そうした機械にこれまで人間が行ってきた知的な作業を行わせることを指します。ＩＴは人がコンピューターを使って仕事をするのに対し、ＡＩでは、コンピューターが自らの判断で仕事をするのです。その経済に対する影響は、想像をはるかに超える大きなものになると言われています。

ＡＩが経済活動をどのように変えていくか、いくつかの例を挙げてみましょう。例えば実用化が真近い自動運転装置付きの自動車と、アメリカで急速に普及している、レンタル自動車を電話やインターネットでいつでも、どこへでも呼びだすことができる配車システム（Ｕｂｅｒ）とを組み合わせると、個人が自動車を所有する必要がなくなり、自動車産業や交通産業が大きな影響を受ける可能性があります。アメリカのさる医療会社は、網膜検査をはじめ54種類もの診断をスマートフォンやインターネットを使って行う健康診断システムを導入しています。それが普及すれば、手術以外の治療や診断は家に居ながら受けられ、人々の健康管理を飛躍的に改善する一方で、家庭医や人間ドックへの需要は減るでしょう。またアメリカのさる大手ＩＴ企業がコンピューターと連動した法律相談をわずかな手数料で始めており、刑事事件などの特殊な専門分野を除いては、弁護士も司法書士も顧客が減ると言われています。簿記、会計、文書管理、在庫管理、販売計画、業務案内などは、人間よりもＡＩの方がより的確に行うため、事務系（ホワイトカラー）の職員のほとんどが職を失うという予測もあります。日本でもすでに大手銀行が３〜４割もの大幅な人員削減を検討しているのも、ＡＩと無関係ではありません。教育分野でも、ＡＩの方が教師よりも効率的に教えられると言われており、教師に代わりＡＩが授業を行うことも十分考えられます。

このようにＡＩ技術は、人々の生活や産業の在り方を根本から変えるでしょうが、それによって、社会が具体的にどう変わるかは、まだ推定の域を超えていません。人に代わってコンピューターとロボットが働いて富と生活必需品を生み出してくれる夢のような社会が出現すると予想される一方で、知的職業従事者を含め多くの人が職を失うという、大変な事態が起きる可能性も強いのです。またAIが生み出す巨額の富が経営者や株主に独占される恐れもあります。それを防ぎ、人々の間で富を公平に分配することも、重要な課題です。そしてそのためにも、次に述べるベーシック・インカム（ＢＩ）制度の導入が急がれるのです。

34 ベーシック・インカム（BI : Basic Income）制度とはどのような仕組みなのですか？

ベーシック・インカム（ＢＩ）という概念は、何世紀も前から一部の思想家たちによって貧困対策として提唱されてきたものですが、二十世紀の末頃から、欧米でその是非についての議論が広まりました。現行の生活保護や失業保険などの福祉制度を廃止して、代わりに国庫収入から国防、外交、衛生、インフラ整備などの必要経費を差し引いた残額を、年齢、所得、就労の有無にかかわらず、国民全員に平等に分配する仕組みです。それは世帯ではなく個人に配られます。国民はそれを娯楽も含め、何に使ってもかまわないし、働いて収入を上乗せするのも自由です。この一見原始共産主義的にも見えるアイデアを近年になって推し進めたのは、実は小さな政府を旗印としたリバタリアン（Libertarian）と称する経済学者たちです。彼らの支持の下で、超保守的なアメリカのニクソン政権がＢＩ制度の導入を提案し、下院では議決されたのですが、ウォーターゲート事件で政権が崩壊し、立ち消えになりました。

35 ＢＩ制度はどの程度広く支持されているのですか？

現在欧米では、多くの研究者がＢＩについて研究を進めており、１９８６年には関心を持つヨーロッパの人々をつなぐネットワーク（BIEN：Basic Income European Network）が設立され、それが２００４年には、地球規模の Basic Income Earth Network（同じく BIEN）に発展しました。またアメリカのアラスカ州は、住民全員に年間２０００ドルを配るＢＩに似た制度を実施しています。そして２０１６年には、スイスでこの制度の連邦レベルでの導入について国民投票が行われましたが、賛成は23％に留まり、否決されました。２０１８年には、フィンランドにおいて2年計画で、ＢＩが失業保険を受けている人を対象に試験的に導入されました。同様の実験は、カナダ、オランダ、ケニア、アメリカのカリフォルニア州などの自治体レベルでも行われています。これらの実験の結果が検証されるのは2020年以降になると見られており、実験の結果によっては、今考えられているBI制度に何らかの修正が加えられる可能性があります。それでも大量の失業者が発生すると見られるAI時代においては、すべての国民に平等に現金を給付するBI制度の方が、現行の失業保険制度や生活保護制度に比べて、より適切な仕組みであることは間違いないでしょう。2020年のアメリカ大統領選挙では、台湾移民二世の弁護士で起業家のAndrew Yang氏が、月額一人1000ドル（約11万円）のベーシック・インカム制度の導入を公約に掲げ、立候補しています。

36 BI制度のメリットとデメリットは何ですか？

BIの第一の、そして最大のメリットは、それによって人類史上初めて、貧困という諸悪の根源を根絶することです。第二は、BIは人工知能（AI）が進行した場合予想される大量の失業者の救済策にもなるし、ＡＩが生み出す巨額の利益を国民の間に均等に分配するのに有効な、唯一の仕組みです。第三は、国民の将来の生活への不安を払しょくすることで、日本の場合平均で一世帯当たり約１８００万円と言われる貯金が不必要になり、消費に回されるため、極めて有効な景気刺激策となることです。第四は、ＢＩは世帯ではなく個人に支給されるため、女性の経済的自立に貢献し、また子供が増えれば世帯全体としても授給額が増えるので、少子化対策としても有効だと見られています。第五は、ともすれば受給者の自尊心を傷つける生活保護や失業保険などの現行の福祉制度を廃止することで、国民全員が誇りを持って生きられることです。就職すると生活保護や失業保険が打ち切られることから、働けるのに働こうとしないという福祉の受給者の間で見られるマイナスの傾向も無くなるでしょう。第六は、先進国を悩ましている地方と大都市の格差の拡大も防げます。

ＢＩは、人工知能（ＡＩ）が一般化する時代においては、国にとっても国民にとっても、最も望ましい所得分配制度だと思います。それは日本国憲法が定めた健康で文化的な最低限度の生活を、全国民に保証する仕組みです。それはまた、すべての人に経済的な自由を与え、理想の民主主義を実現する画期的な制度なのです。

一方考えられる最大のデメリットは、収入を無条件で保障すれば、勤労意欲を失って怠け者が増える恐れがあることです。これが2016年にスイスで実施されたＢＩの導入に関する国民投票で、多くの人が反対に回った最大の理由です。世界で最も勤勉だと言われるスイス人の多くが、ＢＩに反対したのも分かる気がします。しかしそれは所得を得るために働くことだけを正当な仕事とみる古い勤労意識に基づく偏見だと思います。創造経済においては人々は創造や人類社会のために働くのであり、収入の多寡にかかわらず自分の理想を目指し全力を傾倒して仕事に取り組むのです。

ＢＩ制度を維持するために所得税の増税が必要だと言われていますが、ＢＩ交付金には所得税は課税されないので、高所得者は別として一般の人々には影響はなく、所得格差の緩和に貢献するでしょう。また企業がＢＩがあることを理由に低賃金で人を雇うことで、不当に儲けると考える人もいます。ＢＩを目当てに貧しい国からの移民が流入することも危惧されています。しかしそうしたデメリットは、いずれも現行の福祉制度でも指摘されていることです。

私は現在のＢＩ案は、実施に当たっていくつかの問題があると考えています。まず全国民を平等に扱うとしても、富裕層にまでＢＩを支給する必要があるかどうかです。またＢＩで生活が保障された人々が、賃金目当てではなく自分が興味のある仕事に就く可能性があるとして、その主な受け皿となる芸術創造産業や非営利団体（ＮＰＯ）などの整備拡大が不可欠です。また新たなスキルを身に付けるには、大規模な職業訓練と職業紹介の仕組みを立ち上げなければなりません。若者に賃金目当てではなく、創造や人類社会のために働くという新たな勤労意識を育む教育も必要です。企業側は、仕事内容を魅力あるものにしない限り、人集めに苦労するでしょう。それでも、高齢化や人口減から現行の福祉政策が破綻する可能性が高い日本の場合、その代替案として、早急にＢＩ制度導入の可能性を検討すべきでしょう。

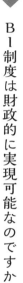

37 ＢＩ制度は財政的に実現可能なのですか？

スイスで国民投票に付されたＢＩ案では、大人一人に月額２５００ＳＦ（スイスフラン、約28万円）、未成年者には６２５ＳＦ（約7万円）を支給するとされていましたが、提案者はこれが現行の財政規模の中で実施可能だと主張していました。ただ大方の経済関係者は、この額は野心的過ぎたと見ており、それがスイス国民の賛同を得られなかった理由の一つと言われています。日本でも日銀政策委員会審議委員であった原田泰氏が２０１６年に出版した『ベーシック・インカム：国家は貧困問題を解決できるか』（中央公論社）の中で、ＢＩの実施には年額96・3兆円の資金が必要となるとして、生活保護や介護保険、失業保険、児童手当などの現行の福祉関連予算を廃止し、農家や中小企業への過剰な支援等を縮減し、所得税を年率平均30％課するなどすれば、現行の財政の枠内で、一人月額7万円、未成年者3万円のＢＩの支給が可能だと述べています。支給額7万円では少ないと考えるかもしれませんが、ＢＩは個人に配られるので、例えば夫婦と子供二人の所帯の場合だと月額20万円になり、しかも受給者の多くは今まで通り就業して賃金を得るであろうことを考えれば、ゆとりある生活設計ができるはずです。

私はそれに、上で述べたような余剰な貯蓄が消費に回ることからくる税収の大幅な増加も計算に入れるべきだと思います。またこれまで福祉行政に携わってきた膨大な数の公務員が不要になることから起きる行政経費等の節約分も、ＢＩの資金源になるはずです。所得格差を緩和するため、平均所得税率は30％と言わずそれ以上にし、また資産税も導入すべきです。そうなれば原田案よりかなり高額なＢＩの給付が可能になるでしょう。

日本政府は最近、年金、失業手当、医療保険、生活保護、介護保険、子ども手当などの社会保障給付金が、２０４０年には１９０兆円に達するという予測を発表しましたが、これらの制度を統合しＢＩ制度に切り替えた方が効率的であり、しかも経費削減にもなる可能性が高いと思います。

38 ＣＩ、ＮＰＯ、ＡＩ、ＢＩが連動して創造経済が成立するのですね？

その通りです。芸術創造産業（ＣＩ）や非営利団体（ＮＰＯ）を拡大するには、より多くの人にそうした活動に参加してもらう必要があります。そのためにはベーシック・インカム（ＢＩ）制度によって生活が保障され、自由に仕事を選べるようにしなければなりません。また人口知能（ＡＩ）の導入で失職する人々に新たな働き口を用意する必要がありますが、コンピューターにはできない、芸術創造産業（ＣＩ）とボランティア精神に支えられたＮＰＯが、最も多くの意義ある仕事を提供するでしょう。ＡＩがコンピューターとロボットの組み合わせで膨大な富を生み出した時、それを国民の間で最も公平に配分する仕組みは、ＢＩです。机の脚のようにこの四本の柱が新たな創造経済を可能とするのです。

これらの四本の柱によって、私が提唱する未来志向の創造経済論が単なる経済理論の一つではなく、実現可能で、しかも私の知る限り来るべき時代に対応できる、唯一の経済制度であることが確実になったのです。経済政策の大幅な転換は時間が掛るものであり、その間、移行にともない多くの摩擦と問題が生じるでしょう。混乱も起きます。既存の産業もまた、痛みを伴う改革に迫られるのです。しかし地球環境を破壊し、格差を拡大し、道義的な退廃を招き、しかも成長に陰りの出た現行の経済制度をいつまでも継続することができない以上、我々にとっては変革しか選択肢はないのです。英知をもって生みの苦しみを乗り越え、人々に創造の機会を与え、幸せと人類の将来に貢献する新たな創造経済を確立すべきです。それが日本にとっても人類にとっても、最善の選択なのです。

39 創造経済は経済理論として正しいのでしょうか?

私の創造経済論が経済学的立場から見て正しいかどうかは、議論の余地があるでしょうね。イギリスの経済学者ケインズは、公共事業や金融緩和策などによって人為的な需要を作り出せば、経済を成長させられると主張しました。第二次世界大戦後日本を含め多くの先進国は、ケインズの理論に基づき経済成長政策を実行し、空前の経済発展を実現しました。経済学的には、彼の理論は正しかったのです。しかしそれは、人々に無限の経済発展が可能だという幻想を植え付け、多くの人を金の亡者にしました。その結果、放漫財政、格差の拡大、環境破壊、道徳的退廃と言った深刻な問題を引き起こしたのです。彼の学説は、政治的、社会的、道義的には問題があったのです。それに対し私の創造経済論は、現代における行き過ぎた経済至上主義に反対し、代わりに人を幸せにし、人類の未来に貢献することを目的とした経済を構築しようと提案しているのです。

経済は人類にとっては目的ではなく、単なる手段に過ぎず、人類文明にとっても必ずしも最も重要な要素ではありません。その経済が資本主義によって過大評価され、人の尊厳、相互の尊敬、愛、正義、自由、幸せ、創造、そして人類の存続といった大切な目標を押しのけ、代わりにＧＮＰや景気、収入や資産などが、すべてに優先する基準となってしまったのです。

人類にとって経済よりもるかに重要な事柄が数多くあります。それが以下の章で触れる、歴史を通じて永遠を勝ち取ることで究極の幸せを達成することであり、種としての人類を存続させることです。経済問題を最初に取り上げたのは、本書の「はじめに」でも述べたように、それが大多数の現代人が最も関心を持っている事柄だからに過ぎません。本書は富の獲得だけを重視しがちな経済学とは、距離を置いた立場から書かれています。もう儲け話ばかりするのは止めようと言っているのです。

第4章　信仰による死からの救済

40 創造経済が確立されれば人は皆幸せになるのですか？

残念ながらそうとは言い切れません。確かに創造経済は、利益追求だけの資本主義経済よりも人々に生きがいを与え、幸せにします。しかし経済は人間生活のほんの一部を占めているのに過ぎません。人が幸福になるためには、その他にも政治的安定や心を癒す人との付き合い、健全な家庭やコミュニティーなどが必要なのです。中でも、死という残酷な現実にどう対応するかが幸せの鍵となるでしょう。自分が死ぬことを知らない動物は、腹が満ちて安全が保障され、居心地が良い環境に置かれれば、この上なく幸せになれます。しかし命に限りあることを知ってしまった人間の場合、死の問題を解決しない限りその一生は儚《はかな》いものに留まり、本当の意味で幸せにはなれないのです。そしてその解決策として生まれたのが、人は死んでも来世で生まれ変わると教える宗教だったのです。

41 宗教はどのようにして生まれたのですか？

人間は自分の生命そのものがいつかは終わることを知ってしまった唯一の生き物です。死の必然を知らなかった旧石器時代までの人類は、一般的に言って他の動物と同じに、粗野で厳しいながら、自然と調和した心安らかな日々を送っていました。その幸せを破壊したのが、知能の発達です。人間はその知能を使って自然をうまく利用することで、他の生き物との生存競争に打ち勝ってきました。しかし同時にその知恵のおかげで、人類の歴史のある時点で、自分がいつかは死ななければならないことを知ってしまったのです。アダムとイブが禁断の果物を食べ、天国から追放され死ぬべき運命を負わされたという旧約聖書に出てくる逸話は、重要な示唆を含んでいます。人は知恵のリンゴを食べたために、死の必然という絶望に満ちた現実を知ってしまったのです。

そうした中で最初に死を回避するのを試みたのは、魔術でした。死からの救済という意味では、魔術は宗教の芽生えと見ることができるでしょう。魔術の中心概念は、死は必然ではなく、一定のタブーを守り儀式をすれば回避できるという考えです。それはまた、子授かりや疫病の治療、狩猟の成功のためなどにも使われました。魔術は旧石器時代末期にはすでに存在し、数万年にわたり人々を精神的に支えてきました。しかし新石器時代になって農業が生まれ、人々が定住生活をするようになると、どのように呪いを唱えタブーを守っても、老人はやがて死に、次の世代にとって代わられるという世代交代の事実を隠しきれなくなり、人々は次第に魔術の力を信じなくなりました。それでも魔術という安全弁が無かったら、初期の人類の生活は、もっと悲惨で血塗られたものになっていたでしょう。

魔術に代わって人々の心の支えになったのが、死の必然を認めた上で、生死を司る神が存在し、肉体は滅びても何らかの形で生き返ると考えた古代宗教です。この初期の宗教は、肉体とは別に魂というものが存在するという概念も持っていました。死後魂が肉体に戻ると信じて、死体をミイラにして保存した古代エジプトの信仰がその一例です。魔術から宗教への移行は、長い時間をかけて起きたもので、今日でも多くの宗教が、禁制とか法度、豊作祈願や悪魔祓い、祈祷による病気の治療といった魔術的な慣行を踏襲しています。魔術から進化した古い宗教も、死後の再生という教義で、人々に安らぎを与えましたが、信仰としては大きな欠陥がありました。それは信仰の目的が、自分のための御利益を願うという自己中心的なものだったことです。古代宗教の多くは、神と信者との関係を一種の契約と考えており、神の御利益は、念入りな祈祷や供物の見返りとして個人に与えられると考えたのです。このような打算に基づく限り、人々の信仰は本当の意味で敬虔なものにはならなかったでしょうね。

42 なぜ宗教が普及したのですか?

私が普遍的宗教と呼ぶキリスト教やイスラム教、仏教などの新しい宗教は、それまでの魔術や古代宗教が自己の救済を求めたのに対して、自分だけでなく人類全体への慈悲と救済を説いた点が大きな違いです。それはまた、この世には神や仏といった絶対的で聖なる存在があり、人の肉体が滅びても神仏によって魂が救われ、来世という異次元の場で永遠に生き続けるという、精緻な来世思想を構築したのです。

これらの普遍的宗教の広がりはまさに驚異的で、今日では、20数億人がキリスト教徒、16億人がイスラム教徒、4億人近くが仏教徒だと言われています。もし普遍的宗教の説く来世の概念を信じることができるなら、人は死の絶望から救われます。それこそは幸せの極致であり、それに比べれば、富も権力も取るに足らない些細なこととなります。人類が今日まで絶望のあまり気が狂うこともなく来られたのは、宗教が説く来世での救いという信仰のおかげでした。今日でも、一般的に言って来世を信じる信心深い人は、無信心者よりも幸せだと言えましょう。

43 信仰を持てば人は幸せになるのですね？

理論的にはそういうことになります。私としては、今信仰を持っている方には、それを持ち続けることをお勧めします。なぜなら来世での救済を信じるなら、確実に死の絶望から逃れられるからです。しかし残念なことに、立証できないことは疑えという科学の合理的な考え方が一般化した今日、その存在が客観的に確認できず、証拠も示せない神や来世の存在を信じ続けるのが、次第に難しくなっているのです。残念ながら私の場合もそうです。

多くの現代人は、病の治療や長寿、幸せや子孫繁栄などを神に祈るのではなく、人間の知恵が生み出す科学とテクノロジーに求めるのです。広島や長崎を破壊した核爆弾の威力は、旧約聖書に出てくる堕落したソドムとゴモラの町を崩壊させた神の力を些細なものとし、地球が広大な大宇宙の中の微小な星の一つに過ぎないことを証明することで、神の地上への出現の意味そのものを矮小化したのです。

ケンブリッジ大学のフィル・ザッカーマンのレポート「同時代的無神論者または不可知論者の割合と傾向」によれば、神は存在しないとする「無神論者」、または神が存在するかどうか分からないとする「不可知論者」の人口が一番多いのはスウェーデンの85％で、日本は5位の64％から65％となっています。意外なのは一般に物質主義的だと見られているアメリカでは、無神論者または不可知論者はわずか9％です。ギャラップ社その他の調査でも、イスラム圏を除いては、無神論者や不可知論者が増えていることを示しています。科学とテクノロジーが神の奇跡を上回る驚異を次々と生み出していることから、神仏の存在を信じない人は今後とも増え続けるでしょう。そうした人々にも死からの救いを提供することが急務なのです。

44 神の存在を否定できますか？

それは無理でしょう。神の存在が立証できないように、神が存在しないことも立証できないのです。それは人の認識を超えた問題であり、神が「いる」とも「いない」とも断言できないのです。

人の精神の根源に関わる宗教の問題は、単純には割り切れるものではありません。今日でも、信仰に救いを求める人が多数を占めています。そうした現実の中で確たる根拠も示さずに神の存在を否定するのは、信心深い人々の救いの道を閉ざし、彼らに死の必然という究極の苦しみを押し付けることになるのです。それは最も忌むべき形での人権侵害です。そうした行為は信仰を持つ人に、無神論者に対する深い憎しみと怒りを抱かせかせるでしょう。イスラム国（ＩＳ）などの残忍なテロ活動も、宗教的異端に対する憎しみが生んだものです。それでもISが憎んだのはイスラム教スンニ派以外の異教徒でした。それが万一信仰を持つ人々と無神論者との間での全面的な対立になれば、今日のテロ活動などとは比較にならない、人類を二分した容赦のない争いとなり、想像を絶する悲惨な結果を生むでしょう。そうした破局を防ぐためには、立証もできないのに神の不在を声高に叫ぶのではなく、宗教の持つ死の苦しみを癒す効用と人々の信仰心の純粋さを認め、敬意を払うべきです。自分が無神論者であることを公言するのは自由です。しかし何人も他人の信仰を真っ向から否定する権利はないのです。それが民主主義の中核をなす信教と思想の自由なのです。ドイツの哲学者ニーチェは「神は死んだ」と宣告し、カール・マルクスは「宗教は民衆の阿片だ」と非難しましたが、信心深い人々を深く傷つけるそうした発言は、人道上からも許されるべきではありません。

45 政治と宗教の分離が必要なのですね？

今日、日本を含む民主主義を標榜する国の多くは、信教の自由を個人の基本的な権利として保証しています。問題は、信仰は神仏の存在を完全に信じ切らなければ成立しないことです。思考を停止して、自ら真理を見出そうとする思索と批判的精神を放棄するのです。それは人類の今後の生存と発展にどうしても必要な、科学やテクノロジー、学問などの進歩を阻害する危険があります。その結果は社会を精神的に中世に戻すことであり、人類の未来を考えれば、信仰を絶対的なものとして礼賛することは躊躇せざるを得ないのです。

1789年のフランス革命では民主化の一環として、王権の解体と並んで、長年にわたり人々を精神的、政治的に支配してきたカトリック教会から一切の権力をはく奪しました。この政教分離政策はフランスの憲法でも定められ、絶対的な国是の一つになっています。このため宗教団体は教育に関与することが禁止されています。最近イスラム教徒の女子生徒が公立学校でスカーフを着用するのを禁止されたことが、ニュースになっていましたね。日本でも、戦前において天皇制と結びついた神道が国教となり、他の宗教を差別し、軍国主義を助長していました。その反省から日本国憲法第二〇条は、信教の自由を保障するとともに、宗教団体に対しては特権や権力の行使を、そして国に対しては宗教活動を行うことを禁止しました。民主主義を守るためには、政治と宗教が厳格に分離されなければならないのです。信教の自由はまた、宗教を信じない自由も保障しているのであり、信仰はあくまで個人の自由な選択によるものです。信仰を強要することは、信教と思想の自由に反する反民主主義的行為です。

問題は信仰に凝り固まった人の中には、異教徒や不信心者に対して激しい敵意を持ち、迫害し、排除する傾向があることです。この歪んだ信仰心が、歴史上多くの戦争や紛争を引き起こしてきました。それは自分が信じる教義が否定された場合、永遠への道が断たれる恐怖からくるものであり、妥協を許さない悲惨な争いにつながるのです。その例は、エルサレム奪還を唱えて繰り返し行われた十字軍の侵略、十六〜十七世紀にヨーロッパを混乱させたカトリック教徒と新教徒の争い、今日の原理主義イスラム教徒によるテロ活動など、枚挙にいとまがありません。異教徒を排除し殺すのは神の栄光だとされたのです。そうした悲惨な結果を防ぐためにも、宗教の完全な非政治化、非権力化が必要なのです。

第5章　科学とテクノロジー

46 科学は死の問題を解決できるのですか?

現代はまさに科学の時代です。この時代をそれ以前の時代から区別するすべての要素、例えば文化、政治、経済、思想などは、みな科学と連動しているか、またはその強い影響のもとに生まれたものです。同じ合理的な思考によって社会や人間を理解しようとした哲学が、理論的な統一に失敗したのに対し、観察や実験に基づく共通の手法を確立した科学は飛躍的に発達し、今日の科学時代を築いたのです。

科学も十九世紀までは、「自然の法則」という究極的な真理を求めていて、その意味では、宗教や哲学と同様に、生きる意味を求めた精神的活動でした。しかし二十世紀初頭を境として、科学者の間でこの世には絶対的な法則などは存在せず、すべての現象は統計的な可能性でしかないという考え方が広まりました。その結果大半の科学者は、究極の真理を追求することを諦め、科学は観察と正しい研究方法と、厳格な分析から生み出される結論の客観的な判断を重視する方法論になったのです。その結果科学は、実験も観察もできない死後の世界については、何の洞察もまた何の情報も得られなくなり、死の問題は宗教者と哲学者に丸投げされたのです。

それでも私が「永遠志向」の哲学を発表した１９８０年ごろには、いかにすれば幸福な生涯を送れるかを追求した人間学（humanology）が、科学の一分野として誕生しました。しかしそれは、死の恐怖を和らげるための精神療法のようなもので、死そのものの意味を追求したものではありません。今日の学問、特に科学の分野があまりにも細分化され、そのため人にとって最も重要な問題であるはずの人とその存在意義の総合的な考察が疎かになっていることが、人間の本質を理解する妨げになっているのです。永遠志向の思想は、科学とは根本的に異なる哲学的なものです。科学は死の問題については、何の回答も持っていないのです。

47 日進月歩のテクノロジーなら死の問題を解決できるのではないですか?

テクノロジーとは、科学などの知識を実用的な技術として利用することを指します。近年このテクノロジーが資本主義経済と組み合わされ、それまでは想像もできなかった規模で生産活動を拡大させ、人々の生活を豊かにしてきました。またIT技術や生命科学の急速な発達の結果、人々の間で、すべての問題はテクノロジーの適用で解決できるとするテクノロジー信仰が広まっています。無病息災は神が与える最大の恩恵とされていましたが、今や生命科学に裏付けされたテクノロジーによって、病気は治癒され、二十世紀初頭まで50歳が平均だった人の寿命も、今では80歳以上に延びています。そしてIPS細胞で培養された臓器の移植やDNAの操作によって、寿命は200歳まで伸びると主張する科学者もいます。さらにはクローン技術によって、自分と全く同じ個体を作り出せるという仮説も出ています。

しかしテクノロジーの適用によって病をなくし寿命を延ばすことは、決して不老不死にはつながらないのです。人は遅かれ早かれ必ず死ぬのです。問題なのは人には生存志向があることから、技術的に寿命を延ばす可能性があると信じれば、彼らは他のすべての有意義な活動を止め、寿命を延ばす医療に全エネルギーと財産を投入することになりかねないことです。それは本来次の世代に残しておくべき資産を食いつぶすことであり、人類社会の発展は停滞するでしょう。そうした兆しは、すでに先進国において高齢者の過剰な延命措置のために、若い世代への負担が増えることに現れています。

48 寿命が延びるのは喜ばしいことではありませんか?

もちろん長寿は誰もが望む、めでたいことです。問題なのは、寿命の延長も老化現象の抑制も、死の問題の最終的な解決にはならないことです。死とは時間以外に運という要素があるのです。仮にいつの日にか平均寿命が200歳に達し、すべての人が、身体的にも知的にも盛りの時期と同じ状態を保てるようになったと仮定しましょう。このように老化から解放された人間も、交通事故や家庭内での事故、未知のウイルスの感染、犯罪による死亡など、全く偶発的な事故死や病死を完全に避けることはできません。ということは、平均年齢が２００歳になっても、それが80歳の時と同じように、年寄りは若い人より数が少なくなるのです。

それは寿命の延長は、かえって害をもたらしかねないと言うことです。人類はこれまで圧倒的な死の現実に立ち向かい、自分の死後も残る何物かを求めて奮闘してきました。そしてそこから、命を懸けた探検や冒険がなされ、名誉、正義、献身、自己犠牲といった気高い行為が生まれたのです。学術や芸術を始めとする高度な人類文明は、自らの命が短いことを知った人々が、自己の死に代わるものを求めたからこそ生まれたのです。もし人の寿命が大幅に伸びたら、その瞬間から人はもはや死を超えた業績を上げることも、未知なるものを求めて生命を危険に曝すことも止めてしまうでしょう。彼は48時、事故死や新たな伝染病などに対する恐怖に取りつかれ、隠れ家にこもってしまうのです。それは生きるのではなく、生に取りつかれた哀れな存在になることです。人間は高貴な生き物であることを止め、自分の命を守ることしか考えない冷血動物になってしまうのです。

それだけではありません。人類は猿に近い生き物が、自然淘汰を経て数百万年かけて現代人に進化したのです。人為的に寿命を延ばすことは、この自然淘汰による人類のさらなる進化を阻害する可能性もあるのです。忘れてはいけないのは、現代人は進化の最終的な産物ではなく、より強く、より賢く、より美しい人類が生まれる可能性があるのです。この進化の過程を、自然が定めた以上に長生きしたいという利己的な欲求で妨げてはならないのです。今の世代はその責務を果たしたら喜んで次の世代にバトンを渡し、自然がより進化した人類を生み出すことを期待すべきです。

第6章　死の超越と逃避

49 周りの人は誰も死のことなど気にしていないように見えますが？

それは精神分析の父と言われるフロイトが言ったように、人は不愉快なことは忘れてしまうという心理メカニズムを持っているからです。特に死という最も耐えがたい現実については、ほとんどの人が心の底に仕舞い込んでしまい、自分は死なないと思っているのです。しかし死という現実はあまりにも普遍的で、潜在意識としてすべての人の心の底に淀んでおり、いつかは意識の中に入り込み、死への備えを怠ってきた人を恐怖と絶望に陥れます。それを避けるには、死を乗り越える何らかの仕組みが必要であり、人は皆無意識のうちに、その可能性を求めているのです。この死を乗り越えたいという気持ちこそが、私の言う（永遠志向）であり、すべての人間が、そして生き物の中で人間だけが持つ願望なのです。

50 人はどうすれば永遠になれるのですか？

第4章で述べた神仏が与える永遠は別として、それは肉体が滅びても後に残る、自分に代わる何物かを創りだすことで可能となります。これを私は(代替的自己)と呼びます。それには例えば親にとっての子供や家族、芸術家にとっての作品、科学者にとっての発明や発見、起業家にとっての企業や業績などがあります。近代以前の日本では、武士は武名を重んじ、商人は暖簾《のれん》を守り、普通の人も家名を傷つけないように努力するなど、自分の死後も残るものを大切にしていました。戦国時代に備中高松城の城主だった清水宗治は、秀吉によって水攻めに合い、城兵を救うため切腹しました。その辞世が「浮世をば　今こそ渡れ武士(もののふ)の　名を高松の苔に残して」です。彼は自分の武名が後世にまで残ることを信じて、莞爾《かんじ》として自らの命を絶ったのです。名さえ残るなら大義のため命を捨てることは少しも惜しくないのです。

しかし現代になると、血を分け合う親子でさえその絆は弱まり、祖先に対する関心も薄れました。そうした中で近代に入ってからは、国家が個々人の代替的自己として、命をかけても守るべきものとなったのです。しかし実際には近代における国家は、一般庶民を組織の無名の一部としてしまう統治組織であり、個々の国民の生まれ変わりにはならないのです。

それに対して、芸術家にとっての作品や学者にとっての学説は、現代においても有効な代替的自己として残っています。例えば交響曲第九番が演奏される時ベートーヴェンは生き返り、モナリザの絵が賞美されればレオナルド・ダ・ヴィンチは今でも実在し、進化論を学べばダーウインは今日でも人々に影響を与えるのです。豊臣秀吉、アレキサンダー大王、ナポレオンなども、英雄として人々に記憶され、その業績が驚異の念を持って語られる時、彼らは生き返るのです。このように後世の人々に思い出される限り、人は死んでも無にはなりません。だからこそ、芸術家は美の創造に命を懸け、科学者は競って学術論文を発表するのです。自己が死後も存在することが確信できて、初めて短い人生が本当の意味で意義あるものになるのです。

51 後世に名を残せない大多数の人はどうしているのですか?

信仰心を持っていない場合、人は死の現実を忘れようとします。それが逃避(escape)です。死後に残すものを持たない人にとっては、死は完全な虚無であり、耐えがたいものです。そこで彼は何とかして死を思い出さないようにします。そのために、多くの人は暇な時間を持つのを恐れて、せわしなく遊んで浮かれて生涯を過ごし、物事を真剣には考えないようになります。現代においてよく見られる逃避の一つが、自己を捨てて、群衆の一部になり切ろうとする傾向です。この心理に陥った人は、自分で考えるのを止め、周りに迎合し、個性を極端に嫌い、なんでも周囲の人と同じ行動をとろうとします。その底にあるのは、全体の一部になり切れば、死すべき自己も無くなるという歪んだ心理で、結果として人間社会は、個は重要ではなく、蟻や蜂のように全体だけが意味を持つ集合体になりかねません。それは自己を抹殺することです。今日多くの人が、自分で考え議論や熟慮を経て判断するのではなく、ソーシャルメディアの情報を鵜呑みにしがちなことも、こうした傾向をさらに強めます。その結果世論は違った意見に対して不寛容になり、いわゆる炎上とかヘイトスピーチ、あるいはフェイクニュースといった好ましくない現象が起きるのです。

52 スマートフォンやＳＮＳに問題があるのですか？

ＳＮＳなどのソーシャルメディアは、人の幸せにとって最も重要な人間関係を希薄にしがちです。時間のほとんどをデジタル画面を見て過ごす人は、癒しと幸せをもたらす人間同志の付き合いが苦手になり、孤独に苦しむのです。デジタル画面を通してのつながりはあくまで仮想の世界であって、本物の人と人との触れ合いとは違うのです。それは死の現実からの逃避を提供する一方で、死の絶望から脱する最後の頼みの綱である人間同士の繋がりを断ち切ってしまいます。ＳＮＳだけではありません。世界保健機関（ＷＨＯ）は最近、若者の間で広がっているゲーム依存症を疾病であると正式に認定しました。それは睡眠不足やうつ病、そして自殺の原因になっています。

それだけではありません。多くの生理学者が認めるように、創造を生み出す新たな発想は、脳が空白な状態にある時に生まれます。古代ギリシャの物理学者アルキメデスが、風呂に入って湯船からこぼれる湯を見て体積の原理に気が付き、ユーリカ（われ見たり）と叫んで裸で街に飛び出した話は有名ですが、私自身、趣味のヨットに乗り一人で航海した時や、何もせずぼんやりしている時などに、思いもしない発想を得たのを何度も経験しています。ところが時間があればすぐにスマホやゲームを始める現代人の多くは、絶えず脳を無駄に使っており、空白の時間がないため、ひらめきを持つ機会がないのです。このままでは、人類は創造も熟考もしない生き物に退化しかねません。フランスの思想家パスカルは、「人は考える葦だ」と言いましたが、現代人の多くは今や「スマホする葦」に成り下ったのです。この事態は、人々がソーシャルメディアにのめり込むことで、死の現実から逃避しようとするために起きているのです。

53

他にも死からの逃避の道がありますか？

その典型的な例として、アルコールや麻薬で意識を混濁させ、あるいは肉体的な快楽に熱中して現実を忘れることがあります。また24時間点けっぱなしのテレビとか、レジャーと称する無駄遊び、賭博依存症なども逃避です。それは死の宿命を忘れるための必死の行為であり、したがって説得や法律による規制などでは矯正できないのです。今日最も一般的な逃避は、金儲けと消費の興奮によって死を思い出すことを避ける資本主義経済です。資本主義が成功したのは、人々が限度のない金儲けと消費がもたらす興奮に死からの逃避を求めたからです。また多くの人が、過労死の危険を冒してまで自発的に仕事に埋没するのも、実は暇ができて死の現実を思い出すのが恐ろしいからです。しかし逃避は問題の解決を難しくするだけでなく、麻薬と同じで刺激の量をどんどん増やしていかなければなりません。そしていつかは限界に達し、その効果が切れる時が来るのです。

最も極端な逃避が、みずからの命を絶つことで死を出し抜く自殺です。若者や高齢者に多い自殺は、必然である死から逃げるため自ら命を絶つ逃避行動である場合が多いのです。もし人が不老不死だったら、自殺などはほとんど起きないでしょう。しかし命が儚《はかな》いものなら、なぜ病気や孤独の苦しみや迫りくる死への恐怖に耐えて、短い命を生き延びなければいけないのか疑問を抱くのは当然です。しかし自殺は、生きることを定めた自然の摂理に反する行為であり、正常な精神を持った人にとっては、問題の解決にはならないことは言うまでもありません。

54 それでも死の恐怖から逃げられない人はどうなるのですか？

実はそうした絶望が、同類である人間を憎み傷つけるという、他の動物にはない人間独自の残忍な傾向を生みだすのです。それは儀式として人を殺す「生贄」の風習を生み、戦争や人殺しの原因になってきました。人は自分が死なねばならないことを知ると、その死に対する怒りを他人に向け、憎み、殺すのです。憎む理由がなければ、作り出すだけです。心理学ではこれを転位（displacement）と呼びます。子供ながら太平洋戦争を経験した私は、普段は善良で穏やかな人が英米人を心の底から憎み、彼らを殺すため進んで軍隊に志願したのを覚えています。そうした死への憎しみを転位した戦争は古代からありましたが、武器の性能の向上から、第一次、第二次の二つの戦争では、合わせて一億人以上が殺されるという大惨事を生みました。

そして戦争やテロは、今日でも世界各地で絶え間なく起きています。こうした経験から明らかなのは、暴力沙汰を引き起こすのは貧しさや失業、孤独といった不幸な環境のためだけではないことです。普段は真面目で心優しい人でも、豊かな人でも、教育程度が高く幸せな人でも、きっかけさえあれば人を憎み、積極的に戦争やテロに加わり殺すのです。それが人の心の奥底に潜む死への憎しみの他人への転位なのです。

55 人類は戦争をするように運命付けられているのですか?

人類学者の多くは、旧石器時代には、人が人を殺すことはそれほど多くなかったのではないかと考えています。その証拠として、この時までは槍などの狩猟のための道具はあっても、人間同士の戦いに特化した武器は見つかっていないことがあります。フランスの思想家ルソーも「原始的な人間ほど穏和な者はない」と主張していました。原始人はまだ自分が死なければいけないことを明白には自覚していなかったため、殺すほど他人を憎む必要がなかったのです。

ところが新石器時代から青銅器時代にかけて、男性の墓の副葬品として、斧、楯、刀剣など殺人に特化した武器が一般的になったのです。それは人間同士の殺し合いが広まっていた証拠です。それまで平和的だった人類が、ある時から、お互いを殺しあう血に飢えた生き物になったのです。それには、人口の増加や限られた資源を巡る争い、権力闘争などが契機になったのでしょうが、その根底には、人が自分の寿命がいつかは尽きることを知り、その宿命への怒りを他人に転位するという心理があったのです。他人を殺せば、相対的には自分がより長く生きるのです。死の絶望が人々を苛立たせ、同類に対する暴力と攻撃性を生み出すのです。

この同類殺しという忌まわしい傾向は、一見善良に見える普通の人々の心の中にも巣食っています。例えば今日、映画やテレビ、ゲームなどで最も人気のある番組は、戦争か犯罪による殺し合いです。多くの人が毎日のように何人もの仮想上の殺人を楽しんでいるのです。それは人を殺したいという潜在的な願望の疑似体験です。そしてこの恐ろしい潜在意識は、人々が死の絶望から解放されない限り、今後も人の心の奥深くに潜み続け、きっかけさえあれば殺し合いが始まるのです。テロリストの多くは、そうした死の絶望に駆り立てられた人々です。この歪んだ心理は、潜在的には我々全員が心の奥に抱えていると見るべきでしょう。

今日、核兵器、化学兵器、生物兵器といった大量殺戮兵器が世界中に拡散しており、万一世界的な規模での戦争が始まれば、人類が滅亡することすらあり得るのです。しかも死への絶望という心理が、大量破壊兵器を管理する権力者たちに影響を与え、死なば諸共といった非常理な行動を起こさせないという保証はないのです。そうなれば私たちが地球上を徘徊する、人類最後の世代になる可能性すらあるのです。だからこそ、人々を死の絶望から解き放つ手段を講じることが、人類の存続を保障する上での急務となっているのです。

第７章　永遠志向社会と歴史民主主義

56 どうすれば不信心者も死の絶望から解放されるのですか？

そのためには、宗教的な来世の存在を信じられない人にも、死後も残る自分（代替的自己）を与える必要があります。それは歴史と文化を通じて、自分の存在、そして自分の業績を後世に残すことで達成できます。これまでは歴史のページが限られていたため、記録できる人の数はごく限られており、権力者や偉人と言われる人だけが歴史に取り上げられてきました。しかし今では、無限の情報を記録し管理することができるスーパーコンピューターを使えば、すべての人の生きざまを歴史として記録に残すことが可能です。そしてそれこそが、最も確実に人々を死から解放するのです。また創造の蓄積である文化に貢献することでも、伝統の一部となって永遠を獲得できます。かつての匠の創造物が国宝として保護され、芸術家の作品が美術館に展示されるのが、その良い例でしょう。そうした社会を私は「歴史社会」あるいは「永遠志向社会」と呼びます。また永遠志向社会を意味あるものとするためには、歴史がすべての人々に開かれ、記録が公平なものであることを保障する「歴史民主主義」を確立しなければなりません。

57 永遠志向社会についていま少し説明してもらえますか?

「永遠志向社会」とは、過去の歴史を大切にし、またそれを望むすべての人々の生きた証しと業績を記録し、保存し、次の世代に伝える社会のことです。国も自治体も、そして企業や家族も、意識してその構成員の功績を記録し、残すのです。もちろん永遠志向社会においても、その人が何らかの形で社会に貢献をしなければ、歴史に記録はされません。歴史(history)は物語(story)の同義語で、後の人に語り継がれるには、業績の大小にかかわらず、何か物語になるだけの実績がなければならないのです。母親の子供への慈愛や、父親の一家のための自己犠牲も、当然そうした業績になります。もしそうした歴史を大切にする社会が構成されれば、人々は後世にも認められるような業績を残すため努力し、行いを正すでしょう。そしてその功績によって歴史を通じて永遠を得ることを熱望し、そのためには死をも恐れなくなるのです。もちろんそうした歴史に目覚めた人は、当初はごく少数でしょう。しかし創造経済の発展と歴史民主主義の意識の浸透によって、その数は次第に増えるのです。それによって社会は、創造を通じて人類に貢献する意欲に満ちた人や、悪を正し正義を行う勇気ある人で溢れるのです。天才、英雄、偉人が輩出されるのです。

そうした永遠志向社会を、金儲けという次元の低い動機で動く今日の資本主義社会と比べれば、それがいかに高貴な時代であるかが分かるでしょう。特に歴史を意識した社会では、今日のように自分が生きているうちだけ良ければ後はどうなってもかまわないという無責任な刹那主義に代わり、長期的な視野で子供や孫が住む未来の社会をより良いものとすることが、人として当然の責務だという自覚が生まれるのです。おそらくそれが、永遠志向社会の最大の長所でしょう。

58

なぜ歴史民主主義が必要なのですか?

歴史民主主義とは、すべての人の功績なり生き方を公平に記録し、次代に伝達することを確保する制度で、自由、平等、圧政への反抗の権利といった現存の民主主義思想とは次元が異なる、全く新しい概念です。これまで歴史は、民主化されたと称する社会でも一握りの特権階級に独占され、しばしば権力者と彼に従属する者によって内容が曲げられ、彼らの業績が誇張され、あるいは真実が歪曲されることがしばしば起こり、歴史が事実と違ったものになっていたのです。一般の人々の功績は多くの場合無視され、権力者や特権階級に簒奪《さんだつ》されました。それを防ぐには、万人が平等に歴史に記録を残す権利と、その権利を守る仕組みを確立しなければなりません。そのためには、正しい歴史を作り出し保持することを使命とした人々の養成が必要です。それが歴史を権力者の恣意から守る歴史法務官や歴史学者であり、記録の内容を批判的に検証し社会に伝える歴史ジャーナリストであり、歴史学に精通し、個人の歴史の検索を可能とする仕組みを管理する歴史司書です。信仰が敬虔な聖職者なしには存在できないように、永遠志向社会を維持するには、献身的な歴史の擁護者が必要なのです。

私はこれを「歴史民主主義」と呼びます。これまでの民主主義は、現世における圧政からの自由を目指してきましたが、歴史民主主義は、それに加え死の暴虐からの自由も保障するのです。

歴史民主主義には、今一つ重要な課題があります。それは家族の歴史を重視するのは良いとして、過去の祖先の功績の多寡によって人が差別されるのを防ぐことです。かつて封建社会では、階級への所属が世襲によって定められ、身分による差別と上下関係が固定化されていました。もし歴史社会において、祖先の功績や過ちが子孫の人としての価値に影響するという考え方が広まれば、いわゆる名家の出身者が特別な待遇を受け、一方祖先の過ちの責任を子孫が問われることとなり、結果として生まれにより人生が決まる新しい身分制度になってしまいます。それは自由と平等を絶対とする民主主義の理念に反することです。人はすべて生まれながらに平等であることを再確認することが必要です。良きにつけ悪きにつけ今を生きる世代は、過去に縛られることなく、自分自身の新たな歴史を構築すする権利があるのです。歴史民主主義においては、歴史は過去ではなく未来を意味するのです。

59 永遠志向社会でも権力争いは起きるのですか？

私が「優位志向」と呼ぶ権力欲は、人間を含むほとんどの群生の高等動物が持つ本能です。したがって、永遠志向社会においても権力闘争は無くならないばかりか、競争相手が過去と未来の世代にまで広がるので、かえって激しくなるでしょう。しかし忘れてはならないのは、権力欲は必ずしも悪い結果ばかりを生むのではなく、積極的な役割も果たすことです。例えば人類が今日の発達した文明を築いたのも、一つには権力欲によって人々が争い、切磋琢磨したおかげです。もし権力欲が無かったら、人類は今でも洞窟に住み、毛皮をまとっていたでしょう。

しかし永遠志向に目覚めた人にとっては、権力の主な目的は、他人を支配したり自分の地位を高くすることではなく、歴史の中での自らの評価を高めることに変質するのです。したがって、歴史の公平さと正確さが保障される限り、権力闘争は動物的な低次元の行為から、人類への貢献の度合いを巡って争う、建設的で気高い競争になるのです。一方、今日の社会に見られるような権力や富を巡る争いは、動物的な低次元の行為として警戒と軽蔑の目で見られるでしょう。

しかしこのような権力闘争の浄化を達成するには、人々の貢献に応じた歴史上の地位を保障し、公平さを守る政治的な仕組みを構築することが前提となります。もし歴史が恣意に歪められれば、歴史社会そのものが意味を失ってしまうのです。歴史が権力者によって恣意に書き換えられることは、人々の死を超えようとする努力を水の泡にするものであり、最も忌むべき形の専制です。そのためにも、現行の民主主義的な原理がしっかり守られるとともに、新たに歴史民主主義が確立されることが大切になるのです。

60 永遠志向社会と国家の関係はどのようになるのですか？

国家（nation）とは、社会秩序を維持し、経済の発展を促し、国民の福祉を向上させ、そして外敵から国を守る組織です。二十一世紀の世界は、この国家によって構成されています。特に近代に入ってからは、同一の民族からなるとされる民族国家が生まれ、国はあたかも個々の細胞が死んでも全体としては形を保ち続ける身体のように、永遠に続く実態と考えられるようになりました。そして人々は国家を通じて、自分が死んでも形を変えて生き残ると考えます。これが愛国心という、国家に対する熱烈な忠誠心を生む理由です。

しかし実際には多くの国家は、優位に立ったグループあるいは多数派のグループが弱小の民族や文化を圧殺し、吸収することで構成された、力による統治機構でもあるのです。その意味では、国家は権力者が社会を支配する仕組みであり、その歴史も権力者が恣意に作り上げるもので、必ずしも国民全体の記録であるとは限らないのです。人々がこの国家の持つ負の面を理解し、それを監視し、抑制する努力を怠ると、国家という仕組みが個人の権利を無視する独裁政権や、少数者や他国の人々を圧迫し排除する偏狭な民族主義が生まれ、結果として大多数の人は歴史から排除されるのです。

それでも永遠志向社会が実現し、権力者や特権階級の記録だけではなく、少数者を含む一般の人々の歴史も平等に尊重される歴史民主主義が定着すれば、国家は真の意味で世代を超えた共同体として、人々に歴史を通じて死を超えた連続を保障する仕組みになり得るのです。それは国家の永遠化を意味します。

61 永遠志向社会では、国家の役割が変わるということですか？

今日最も歓迎される国家の形態は、国民一般の福祉、教育、生活を保障する福祉国家です。しかしそうした機能は強制力を必要としないので、国よりは人々の生活に密着した地方自治体に任せた方が効果的です。また今日国の重要な責務とされている経済は、創造経済によって国家の手から離れることから、国の役割は減退するでしょう。そうした中で、人々の歴史を保存し次代に伝えることが、国家の存在を正当化する最大の理由となるのです。

そのためには、歴史の公平さを保障し、中立的な立場から歴史記録を管理保管する歴史省のような行政組織が必要です。それに加え、映像や、資料、デジタル情報を収集し、後世の人がいつでも検索できるように分類整理する公的な歴史資料館、それに記録の公平さ、公正さを保障するための歴史裁判所のような司法制度も整備されるでしょう。それには膨大な資金と手間が必要ですが、人類を死の絶望から救うためなら、かつて信仰が生んだ巨大な教会や大寺院と同じように、いかなる経費も労力も安いものです。このような歴史伝達のための機構としては、すでに博物館、美術館、古文書館、図書館、記念館、そして寺社仏閣などがありますが、これらの組織の歴史保存機能を拡大し、改善してゆくことも重要です。

国民が歴史の上での存在を求める社会では、歴史と文化を保存する仕組みの整備が国家の最大の責務となるのです。それが歴史国家という新たな国の姿です。

62 歴史の保存には安定した国家が必要なのですね?

その通りです。永遠志向社会のメリットの一つは、それが国家と社会の安定をもたらすことにあると思います。歴史は個人の生まれ変わりであり、生命そのものの以上に大切なのです。人はその存続のために全力を尽くすでしょう。歴史国家にとっては、歴史を保存することが最も重要な責務となり、それに伴い永続的な平和と安定を保つことが至上の使命になるでしょう。それは国が滅びれば、歴史も滅びるからです。大量破壊兵器が拡散した今日、こうした安定した国家を作り、戦争の可能性を少なくすることが最も重要になります。

第８章　民主主義の弱体化とその建て直し

63 民主主義が揺らいでいると言われますが本当ですか？

一般的に言って民主主義とは、君主政治や貴族政治あるいは独裁政治に対して、大多数の人々が支配する政治形態を指します。今日では少なくとも建前としては、民主主義を標榜しない国は少ないと言えましょう。しかし最近、永遠志向社会と歴史民主主義を構築する前提である民主主義が、世界的に弱体化しているのです。

現行の民主主義は、主として次の三つの文書にその源があります。一つはすべての人は平等であり、生命、自由、幸福の追及、そして圧政に対し革命を起こす権利があることなどを定めた

1776年のアメリカ独立宣言です。そして今一つは、1789年のフランス革命が生んだ人権宣言で、自由、平等、人民主権、言論の自由、行政・立法、司法の三権分立、所有権の神聖、法律形成への参加の権利などを唱えています。そしてこれらの民主主義の原理は、国際連合が「すべての人民とすべての国とが達成すべき共通の基準」として採択した世界人権宣言に踏襲されています。この三つの文書はいずれも時代を超えた崇高かつ正当な政治理念を代表するものであり、民主主義の根幹をなしています。

一言でいえば、民主主義とは少数者ではなく、多数者が支配する社会で、すべての人々を平等に扱う社会です。しかし実際は、多数者による支配といっても、一般市民が政治の実権を握ることはなく、彼らの権利は選挙で一票を投じる参政権に留まっているのが現実です。しかも人々が金儲けや現実からの逃避に気を取られ、政治に関心を持たなくなり、その結果民主主義を否定する独裁者が民主的な選挙で選ばれることがしばしば起きています。当時最も民主的といわれたドイツのワイマール憲法の下で、ヒトラーという独裁者が絶対的な権力を握ったのはその例です。民主主義の盟主を自任していたアメリカで、大衆の感情に訴える大衆迎合主義者が大統領に選ばれ、イギリスで民主主義の普遍化を目指しているEU（欧州連合）からの離脱が国民投票で決まり、EU域内のいくつかの国でも排他的な民族主義を唱える極右の政治家が勢力を伸ばし、中国のような独裁国家が世界第2位の経済大国になり、ロシアを抜いてアメリカに次ぐ軍事大国にもなろうとしているなど、民主主義は危機に曝されています。日本においても、国の在り方を全体主義的な戦前の形に戻そうとする勢力が力を増しています。民主主義は、今や実体のないスローガンになろうとしているのです。

64 民主主義制度自体に欠陥があるのですか？

私は今から52年前にジョージタウン大学大学院に留学していた当時、現代の民主主義思想は、アメリカの独立宣言やフランス革命の人権宣言などの二世紀前の古い理念をそのまま踏襲しており、激しく変化する時代に対応できなくなっていることを論文で指摘しましたが、今でもその考えは変わっていません。現行の民主主義を強化するには、時代に合わせて民主主義を適応させる必要があるのです。

問題は、政治的な決定を選挙で選ばれた政治家にゆだねる間接民主主義が機能不全に陥っていることです。日本を含め議会制度をとる国では、複数の政党からなる議会が投票で総理大臣を選び、法律を制定するのが一般的です。しかし国会の場合のように選挙区が大きくなると、立候補するには組織と金が必要であり、結局は議席のほとんどは既成政党に属した世襲議員を含めた職業的政治家グループや圧力団体の代表に独占され、一般の人々は選挙で一票を投じる自由しか持てません。日本の場合２０１７年の衆議院選挙では、与党自民党の議員の28・3％に当たる94人が、三等親以内で同一選挙区から出馬した世襲議員でした。もちろん、単純に世襲だから排除するということではありませんが、すべての人に平等な機会を与えることは民主主義の根本理念です。さもなければ生まれによって社会的地位が決まる身分制度社会になってしまい、個人の価値の平等を絶対とする民主主義は有名無実になるのです。そもそもフランス革命などの民主化への動きは、人の一生が生まれによって固定化される身分制度への反発から生まれたのです。身分制度を象徴する政治の世襲化は、民主主義を守るためには防がなければならないのです。経済的な格差の拡大も、世襲による身分制度につながります。同様に労働組合や宗教団体などの圧力団体の支持で当選した議員が増えることは、本来全国民を代表する国会議員の在り方として、好ましいとは言えません。間接民主主義は、議員を優れた人を意味する選良と呼ぶことが示すようにエリート主義で、民主主義の原理から言えば問題があるのです。

65 多数決が民主主義の根幹ですね？

その多数決の原則が矛盾だらけなのです。例えば現行の議会制度では、多数決を絶対とし、対立候補より一票でも多い票を獲得した人が議員となり、さらに議会においてその50％以上が賛成すれば、総理大臣が選ばれ、法律が制定されます。このことは有権者の四分の一の支持があれば政権が変わり、政策や法律が決定される可能性があるということです。この矛盾は、投票率が低い場合は、特に顕著になります。２０１７年の衆議院選挙では、与党が議席の三分の二を獲得し大勝しましたが、全有権者の内、与党に投票した率（絶体得票率）は小選挙区では24・98％に過ぎなかったのです。それでも多数派が少数派の意見にも配慮し、良識を持って妥協点を見出す努力をすれば良いのですが、数を頼んだ強引な議会運営がなされると、与党支持者を含め国民の多くが反対していた安全保障関連法案や、7割以上が反対しているカジノ法案が、国会で十分な議論もされずに採択され、憲法第九九条で憲法を尊重し擁護する義務が課せられているはずの総理大臣や国会議員が、その改正を強引に主導するといった、非民主的な現象が起きるのです。これでは多数決の原則は意味を失い、人々は政治に失望し、民主主義が形骸化するのも当然と言えましょう。州ごとに選出される選挙人が大統領を選ぶアメリカの大統領選挙でも、得票数が対立候補よりも300万票も少なかったトランプ氏が、大統領に選ばれるという矛盾が生じています。

66 民主主義建て直しの具体策はありますか?

あらゆる場合において、迷った時には出発点に戻るのが最善の選択です。したがって民主主義の意義について迷いが生じたら、その原点に戻って考えるべきでしょう。そして民主主義という政治の仕組みは、もとはと言えば紀元前数百年もの昔に、都市国家であったアテネで生まれたとされています。そしてアテネで芽吹いた民主主義は、政治家が政治を動かす間接民主主義ではなく、一般市民全員が参加して政治を決める直接民主主義だったのです。

当時のアテネの人口は、自由市民3万人、外国人3万人、そして奴隷が7万人とされていますが、そのうちの自由市民の18歳以上の男子だけが、直接議論し合って政治的な重要事項を決定していました。また公務員や役員はくじ引きで決められました。万一僭主《せんしゅ》と言われる独裁者が現れる危険を考え、貝殻裁判（オストラシズム：貝殻〈ギリシャ語でostracon〉や陶片に人名を書いたことからこの名称が生まれた）という秘密選挙によって、好くないとされた人物を10年以上国外に追放する仕組みもありました。それは政治家による権力の独占を防ぐ仕組みでした。

しかし近代民主主義の基礎となったアメリカ独立戦争やフランス革命当時には、面積が大きく人口の多い国で一般市民が政治に直接関わる直接民主主義を導入するのは、時間と費用の面から不可能でした。また教育が普及しておらず、文盲率が高かった一般市民が、理性よりは感情に流されるポピュリズムに陥ることが心配されたのです。それでも間接民主主義が多くの問題を抱えていることが露呈した今、古代ギリシャが生んだ民主主義の原型である直接民主主義のメリットについて再考すべきではないでしょうか。フランスの哲学者ジャン＝ジャック・ルソーなどは、直接民主主義以外に真の民主主義はありえないと主張しているのです。

67 直接民主主義を導入するということですか？

私は大多数の人が政治にもっと関心を持ち、正しい政治判断をし、きちんと投票するなら、現行の間接民主主義制度でも民主主義は十分機能すると考えています。しかし世襲や既得権団体に支配された選挙によって議員の質が低下し、議論もされず議席の数ですべてが決まる政治に対して、人々の間に不信が広がっています。民主主義を改めて活性化するためには、職業的な政治家だけに政治を任せず、国民がもっと統治にかかわる直接民主主義的な仕組みの部分的な導入が必要になっているのです。世界人権宣言第二一条は、人は「**直接**にまたは自由に選出された代表者を通じて、自国の政治に参与する権利を有する」として、直接民主主義を認めているのです。

厳密にいえば直接民主主義とは、①住民または国民が自ら法律案を発案できる、②公職にあるものを解職できる、③住民または国民全員の投票をもって最終決定とする、の三つの要件を備えた政治体制です。しかし今日この三つの要件を全部満たす直接民主主義を導入している国はありませんし、またその必要もないでしょう。例えばスイスでは、議会と並んで国民が直接法案を提出し、あるいは国民投票で重要議案を決定する直接民主主義が行われています。イタリアや新たに民主化された旧東欧諸国も、重要案件については国民投票で決める制度をとっています。また日本でも、憲法の改正については憲法第九六条で国民投票が義務付けられており、最高裁判所の判事は、任命から十年を経過したのちに行われる衆議院選挙の際、国民の審査を受けるのです。地方自治法第九四条及び九五条は、町村議会を置かずに住民の直接参加による町村総会を設置することを認めています。直接民主主義と聞いて身構える必要はありません。それは、現実に広く存在し、実際に機能しているのです。

68 直接民主主義には欠点があると聞きましたが？

古代ギリシャでも例えば哲学者のプラトンなどは、直接民主主義を衆愚政治だとして嫌っていました。直接民主主義には、①全員が十分議論を交わすことが物理的に不可能なこと、②調整役としての政治家や議会がないと、多数の異なった意見が出た時に合意に達しない可能性があること、③少数者の意見が無視されがちなこと、といった短所もあることを忘れるべきではありません。

技術的な面から言えば、現代においては数千万人を超す選挙民がいる国でも、情報技術の発達によって直接民主主義的な制度を取り入れることは、不可能ではないと思います。その例がSNSを通じての意見の交換であり、インターネットを介した電子投票システムです。しかしSNSには、利用者が熟慮せずに意見をインターネットに載せる傾向があり、フェイクニュースや炎上という現象が起きることが心配されます。電子投票システムは、現段階では信頼性に問題があるとして試験的にしか導入されていません。

それでも第2章、第3章で述べた創造経済の構築によって、貧困と意に沿わない労働から解放された人々が、かつてのアテネ市民のように、政治に時間と精力を割く可能性が強いのです。さらに永遠志向社会が確立されれば、人々の関心は、将来における人類のさらなる発展に向けられ、利己主義を捨て、合理的かつ客観的な判断をするでしょう。そのための適切な政治教育が導入され、歴史ジャーナリズムが確立されれば、直接民主主義的な制度の導入は可能なのです。技術的な問題も、それほど遠くない将来に解決されるでしょう。

しかし我々があまり体験したことのない直接民主主義は、予期しない問題を引き起こすことも考えられます。例えば英国のEU離脱問題のように、事前に十分な議論と正確な情報なしで国民投票を行うと、大きな混乱を招く恐れがあるのです。したがって、それがプラトンが危惧したような衆愚政治にならないよう、十分な時間をかけて注意深く検証し、段階的に導入する必要があります。重要なのは直接民主主義の部分的導入によって間接民主主義の欠点を補うことです。それは今日政治家が独占している権力を、できるだけ国民の手に取り戻すことです。そのためにどのような制度が最適かについては、今後も模索が続くでしょう。

69 日本の場合直接民主主義はどのように機能するのですか？

日本について言うなら、無用な軋轢を防ぐため、永遠志向社会が確立されるまでは、当面はできる限り現行の憲法の範囲内で試験的に導入するのが望ましいでしょう。我が国の場合憲法第四三、四四条で、国の唯一の立法機関である国会は全国民を代表する選挙で選ばれた議員で構成されることになっています。しかし現実には、議員は所属の政党や自分の選挙区、後援組織などの利害を優先しており、全国民を代表しているとはとても言えません。この欠点を是正するためにはとりあえず試験的に、最近日本でも導入された裁判員制度のように、無作為のリストから、くじで選ばれた市民を投票権なしに国会の審議に参加させることも考えられます。それは目に余る昨今の国会での質疑応答の質の低下を防ぎ、政治に対する国民の関心を高める上で有効です。

また英国がスコットランドの独立やＥＵからの離脱について国民投票を行ったように、重要な法案を国民投票に掛けたり、スイスのように、一定数の署名があれば一般人やＮＰＯなどが法案を議会に提出するのを認めることも考えられます。衆議院と機能が重複し、その存在意義が疑われている参議院の構成や権限を変える可能性についても、広範囲な議論を行うべきでしょう。そうすることによって、市民が自分たちこそが政治の当事者であり、主権者であることを自覚すれば、政治への関心と参加の意欲が高まり、民主主義は新たな活力を得て再生するでしょう。

また学校での市民教育を強化し、若者に民主主義の意義と政治への参加の重要性を教えなければなりません。日本では政治教育はタブー視されがちですが、アメリカでは、小中学生の時から投票をすることが市民の義務であることを教え、高校では選挙権を持つ学生を投票に行くよう教師が指導したりしています。大統領選挙の際は、候補者の公約について、生徒や学生に議論をさせることもあります。日本でも、民主主義を守るためには、こうした市民教育が必要です。

民主主義の根幹をなすのが地方自治ですが、最近地方選挙での投票率が低下し、２０１９年の都道府県県議選挙では、４人に１人が無投票で当選している状況で、これは民主主義の危機を象徴しています。地方自治を確固たるものとするためには、規模が小さく議員の成り手が少ない自治体では、地方自治法第九四条、九五条に基づき、議会に代わって住民による町村総会を開くことを奨励すべきです。また地方自治法を改正し、一定数の議員を選挙ではなく抽選で決めるのも一案です。それは古代アテネのくじ引き制度の部分的再現で、エリート政治を打破し、民意と社会の実態をより良く反映した政治を実現するでしょう。そして地方での実験の結果を見た上で、このくじ引き制度を国政にも導入することも考慮すべきです。アメリカやドイツのように、地方議会や首長が住民の意思を無視した場合、住民の10％程度の署名があれば住民投票を行い、その結果賛成が多ければ住民の意思が拘束力を持つという制度の導入も考えるべきです。それは市民の政治教育として最も効果的です。地方政治の民主化が、国民の政治意識を高めるのです。

いずれにせよ、創造経済によって生活が安定し、多くの人が賃金目当ての労働から解放され、歴史に生きることを目指す永遠志向社会では、国民が自ら政治に関与する直接民主制を求める声が高まることは間違いないでしょう。

70 現行の民主主義の強化が歴史民主主義確立の前提なのですね？

民主主義の基盤を確固たるものとしないままで歴史社会を構築すれば、権力者によって歴史が恣意に歪められる危険が大きいのです。現行の民主主義の確立は、永遠志向社会と歴史民主主義建設の絶対的な前提条件です。個人の自由、平等、人権が保障されて、初めて歴史の上での自由と平等が可能となるのです。

重要なのは今日の民主主義は、今現在生きている人々だけを視野に入れた短視的な政治理念なのに対し、歴史民主主義は世代を超えた過去、未来を視野に入れた長期的なビジョンに基づく政治思想であることです。それは、永遠志向がもたらす唯一無二の合理的な政治形態です。永遠志向社会で人々が望むのは、個人としての自己の生きた証拠を後世に残すことであり、歴史もすべて個人を基礎として成り立ちます。それ自体が超生命体を形成する蟻や蜂の群れとは違って、人間の集団は多様な個人の集合体に留まるでしょう。個人を全体に従属させ、あるいは個人の業績を無視する政治制度は、人間の本性に反し、歴史民主主義と相入れないのです。

現在の資本主義社会のように、人々が死からの逃避にのめり込み、現実を見ようとしない社会においては、権力欲に駆られた者が国家や民族の名で人々を扇動して権力を握り、独裁政治を行うこともあるでしょう。しかし歴史の中での存在に価値を見出す社会では、人は歴史と文化への参加の平等を求め、その過程で独裁に抵抗するのです。歴史の公平が確保される限り、独裁や専制は、命を懸けて歴史を正そうとする人々の抵抗によって排除されるのです。歴史民主主義の構築は決して生易しいことではなく、多くの試行錯誤と挫折を経て、世紀単位の時間をかけて可能となるでしょう。それは、政治的な圧政からの完全な開放と同時に、死を定めた自然の摂理からの解放も目指すのです。歴史民主主義は、最終的かつ究極的な政治改革なのです。

71 創造経済と歴史民主主義はどう連動しているのですか？

歴史民主主義の確立には、現行の民主主義制度の強化に加えて、創造経済への転換もまた欠かすことができません。第三章「創造経済の四本の柱」で述べたように、まず芸術創造産業（CI）によってより多くの人が創造的な職業に就き、非営利団体（NPO）が営利を超えて人類社会に貢献し、人工知能（AI）によってコンピューターとロボットが人間に代わって必要な労働を提供することで人々を不本意な労働から解放し、ベーシック・インカム（BI）制度によって貧困が撲滅され、すべての人にゆとりある生活を保障するのです。その結果として、奴隷の労働によって雑務から解放され政治に没頭できたアテネ市民のように、一般市民が政治に関心と時間を割く可能性は大きいのです。そうなれば人々は自由、平等、人権そして歴史の中での公平と公正を求めることとなり、歴史民主主義の基礎を確固たるものにするでしょう。創造経済の確立こそは、民主主義の強化と並んで、永遠志向社会と歴史民主主義の構築、さらには究極的な幸せの獲得の絶対的な前提条件なのです。

第9章　歴史記録

72 歴史は誰が書くのですか？

歴史の中核をなすのは人々の記録で、永遠志向社会においては、国家が歴史記録を保持する責任を負います。それに加えて、多くの人が自分の記録を残そうとするでしょう。それがいわゆる自叙伝です。私も、家族の歴史と妻と過ごした日々、それにユネスコや文化庁での仕事、アートマネジメントとの関り、永遠志向の哲学の構築に至る経緯などを書き綴った自伝『鴛鴦の思い羽』を、朝日新聞の自分史事業として編集し、今年の6月に悠光堂から出版しました。自分で書くことができない場合は、ゴーストライターに頼んで書いてもらうこともあるでしょう。もしその人の業績が顕著なものである場合は、新聞や雑誌に取り上げられ、あるいは作家によって人物伝が書かれます。また国から叙勲を受たり、ノーベル賞などの賞が授与される際は功績調書が残るでしょう。企業等が社史などで社員の功績を記録することもあります。古文書や寺社の過去帳なども、歴史の記録であり永久保存されるのです。多くの人が歴史に記録を残すことを願う永遠志向社会においては、歴史の記録と保存は、壮大な国家的事業になるでしょう。

重要なのは、そうした歴史が真実を伝えているかどうかを判断する中立的な仕組みが必要なことです。いわば公的な歴史の認定制度です。真実を反映しない記録は、歴史全体を歪めることから、歴史から排除されねばなりません。

73 後世の人々が歴史記録を見てくれるでしょうか？

実はそれが一番気掛かりなことです。記録は後世の誰かに見てもらって初めて歴史と呼べるのです。もちろんすべての人がすべての記録に目を通すのは不可能であり、結局は大多数の人は、著名な人、卓越した業績を上げた人など、いわゆる歴史的な人物にしか興味を持たない可能性があるのです。

そうした中で、ともすれば忘れられがちな普通の人々のささやかな業績を知ってもらうためには、歴史の単位を細分化して、家族や地域、企業、業界、学会などの小さな単位が、それぞれ個別の歴史を構成することが必要になるでしょう。例えば両親や祖父母などの祖先の歴史は、家族にとっては自分のルーツを知る上で貴重なものです。また地域のために尽くした人の記録は、その地域コミュニティーの独自性を保つ上で大切な知識を与えてくれます。企業を繁栄に導いた先輩の功績を知ることは、後輩社員にとって掛け替えのない勉強になるでしょう。スポーツの場合、各分野ごとの詳細な記録を残すことが、選手にインセンティブを与え、その分野のさらなる発展につながります。個々人の歴史はまた、歴史学者が国や民族などの全体的な歴史を書く時、その時代の人々が何を考え、どう行動したかを正しく把握する上で、かけがえのない貴重な資料となります。国は、そうした細分化された歴史の保存にも責任を有するのです。

私としては、永遠志向社会においては、今日葬儀において個人の生涯が回顧され、また寺院や教会で神仏の福音や教えについて説教がなされるように、過去の人々の歴史を回顧し、皆で共有する習慣が定着するのではないかと期待しています。家庭においても、おじいちゃん、おばあちゃんを含む祖先の生き方を子供たちに語り伝えるのが、両親の務めとなるでしょう。なぜならそれは明日は我が身で、いつかは自分の歴史が皆に回顧される可能性を保証するからです。そうした行為を通じて、人は死後も歴史の一部となって存在し続けることを実感できるのです。お盆などで祖先の霊を迎える習慣を持つ日本人なら、世代を超えた家族間のコミュニケーションの重要性を理解できるはずです。

74 文化も歴史なのですね？

文化とは、創造のうち世代を超えて受け継がれたものを指し、いわば伝統と同義語で、目に見える具体的な歴史を形成しています。文明が生まれる以前も我々の祖先は、自然環境を効果的に利用するため、道具や技術、言語などを発明し改良してきました。それでもそれは、生きるための必要を満たす手段でした。しかし人々が死を超えた存在を求めるようになると、それまで手段に過ぎなかった道具や技術も、それ自体が意識的に後世に残す文化に変わったのです。こうして絵画、彫刻、儀式、音楽、お祭りといった、実用面からは必ずしも必要でなくても世代を超えて受け継がれるものも、代替的自己として重視されるようになり、やがて文化になったのです。そうした意味では、文化は最も具体的な歴史と言えましょう。芸術作品や工芸品だけでなく、言語や風習、衣服のデザインや料理、言い伝え、祭事、町並みなどは、文化の一部となるのです。だからこそ人々は競って文化に貢献し、また伝統文化を守り、次の世代に引き継ごうとするのです。歴史としての文化の欠点は、多くの場合それが個人ではなく集団の特性であり、匿名なことですが、それでも歴史の重要な一部であることは確かです。

75 永遠志向社会はこれまでも実在したのですか？

もちろんです。我々がそれを自覚していたかどうかは別として、日本は間違いなく歴史国家であり、永遠志向社会だったのです。その典型が日本の皇室で、万世一系を原則として、少なくとも1500年以上前から代々日本に君臨しておりました。日本人が皇室を尊敬するのは、それが日本の歴史を象徴しているからです。武家も家名を重んじそれを残すためなら喜んで命をかけ、商人も暖簾を子孫に継がせるため懸命に働いていました。私の母方の祖父で医師だった河野照三は、伊豫《いよ》（現在の愛媛県）の国司、守護大名として威を振るった越智姓河野家の第92代を名乗っていました。ヨーロッパなどでも、いわゆる名家の人々は、自分たちの祖先とのつながりに誇りを持っていました。これこそまさに永遠志向社会です。移民国家のアメリカでも、家族の歴史を辿る系譜学（Genealogy）に関心が高まっています。家族は単に子供に遺伝子を伝達するだけでなく、家族独自の文化と歴史を伝える組織なのです。ただこうした世代を超えての連続という考えは、生活に追われ、その日その日を生きるのに精一杯だった一般庶民の間では必ずしも広がりませんでした。また現代では個人主義の傾向が強まり、家族も夫婦と直系の子供からなる核家族が主流となって、時代を超えた連続はせいぜい2～3世代に留まり、家族や家名は人が死を乗り越える媒体であることを止めてしまったのです。

第10章　現世に来世を創る

76 来世とは何ですか？

来世（after life または after world）とは、死んだ者が神仏によって救われ、永遠に存続する場のことで、キリスト教、イスラム教、仏教などの普遍的な宗教に大筋において共通した教義です。そして宗派の別なく、また洋の東西を問わず、敬虔な信者たちは自分が不滅であることを信じ、平和と豊作が続く限り幸せな生涯を送ってきました。宗教とその来世思想こそは、死に直面した人類がその宿命を克服するために創り出した、最も効果的な仕組みだったのです。

しかし宗教は、人がなすべきことは神仏を信じることだけだという、思考停止的な自己満足を生み出しました。そうした受け身の姿勢は、人から自らの力で将来を築くという積極性を奪い、その結果、人類の知的な活動は停滞したのです。宗教は、救いと同時に、人類の進歩にとっての足かせにもなったのです。このためヨーロッパにおいては、それまでの神の教えに盲目的に従う受け身の旧教（カトリック）に対して、神を理解し、それを自らの意志で実現しようとする新教（プロテスタント）による宗教改革運動が起きました。そしてこれにルネサンスが生んだ理性と合理性を重視する人本主義（ヒューマニズム）と、客観的な検証を絶対とする科学思想が結びつき、実証も観察もできない魂や来世での存在に対する疑問が生まれました。そのため次第に多くの人が、宗教に疑問を持つか無関心になったのです。現代において、神や来世の存在を否定する無神論者や、神が存在するかどうか分からないとする不可知論者が増えていることは、第4章で述べたとおりです。

77 現世での来世とは何ですか？

人間にとって、死は逃げることも忘却することもできない、絶対的な宿命です。

しかし生存志向に突き動かされる人間は、生きることを諦めることはできません。しかも死からの逃避の道は、どれも完全には死を忘れさせてはくれないのです。したがって、信仰心を失った者にとって、残された道はただ一つです。それは自分で死後も続く世界を作り出すことです。そしてもし永遠志向社会が構築され、すべての人の記録を後世に残せるなら、肉体の死は自分の存在の消滅ではなくなります。これまでも芸術家や科学者などは、自分の創造物を後世に残すことで、死を超越していました。またすべての出版物が国会図書館に収蔵され、歴史を構成しています。そしてテクノロジーの発達によって、近い将来においては、人間の脳内の知識をそのままコンピューターにアップロードすることすら可能だと言われています。また誰もが閲覧でき、しかも改ざんがほとんど不可能なブロックチェーン(Blockchain)という技術も、すでに実用化されています。もしそうなら、すべての人の記録がデジタル化され、人類の記憶の一部になる可能性がさらに高まります。これこそが、現世に作る来世です。それは見ることも触れることもできない宗教的な来世と異なり、自らが見て、確認できる来世です。もう絶望するのも、逃げるのも、忘却するのも止めて、肉体の死を受け入れ、代わりに抽象化した自分の知識と精神を歴史に残そうではありませんか。そして自らを永遠にしようではありませんか。

78 二つの来世は共存できるのですか?

もちろんです。この本を読んだ方なら、宗教が説く来世と私が提唱する歴史の中での来世とには、多くの類似点があるのに気付かれたでしょう。実は永遠志向の理念も神仏の教義にある来世思想も、ともに死を超越しようとする同じ動機に基づく、類似した考え方なのです。この二つの理念はお互いに二者択一を迫るものではなく、両方が合わさって死の宿命という問題に立ち向かう力を人々に与えるのです。現代においては信仰を失う人が今後さらに増えると予測されます。そうした時にこそ歴史という現世における来世を提供することが、多くの人に心の救いを与えるのです。いうなれば、神仏ではなく、歴史という現実に頼って永遠を達成するのです。信心の深い人も、実証ができない来世について何となく疑問を感じることはあるはずです。そうした人にとっても、歴史によって死後も確実に自分が存続するという考えは、セーフティネットの役割を果たすでしょう。

79 信仰が社会道徳と倫理の面で果たしてきた役割はどうなるのですか？

宗教が強い影響力を持った社会では、万能である神を欺くことは不可能と考えられています。そのため人々は、罪を犯せば必ず神罰が下り地獄に落ちると信じ、善行を積もうとしてきました。しかし信仰の弱体化とともに、そのような絶対的な審判の場がなくなると、人の目をごまかし、法の網をかいくぐれば何をしてもかまわないという、現代社会に見られる利己主義的な傾向が支配的になるのです。

それに対し永遠志向社会では、歴史的事実が厳格に管理・保管され、事実が公平に記録される限り、人々は自発的に善行を積み、公共の利益に奉仕することになります。それは神に代わり、歴史が裁きを下すからです。歴史は個人またはグループの功績を後世にまで伝えるとともに、子孫の代まで悪行を伝えるのです。そしてどのような欺瞞も、時代の洗礼によって必ず暴かれます。歴史の審判が、人々の正義感と公徳心を支え、悪しき行いを防ぐのです。

80 現世での来世は人々を死の絶望から救えるのですか？

私はそう確信しています。だからこそ私自身一生を通じて公共のために尽くし、人々を死の絶望から救うために、永遠志向の哲学の構築に生涯を捧げてきたのです。

来世とは、人間の肉体とは別の非物質的な自分があり、それが永遠に存続する世界です。死後も自己が神仏の救いによって来世で存続し続けると教える宗教に対し、永遠志向社会では歴史や文化によって人の功績が記録され記憶されることで、自己が肉体の滅びを超えて存在し続けると考えるのです。そしてキリストやモハメド、釈迦などが、その来世の教義によって長い間人々を死の絶望から救ってきたように、永遠志向社会では、歴史が人々に死の宿命を克服する道を作り、人類を幸せにするのです。そして人は、過去の人々の生きた証（あかし）である歴史の記録を、神や仏の教えに対するのと同様に崇敬の念を持って扱うのです。神に見捨てられた人々も、歴史にその存在が救われるのです。

81 現世での来世は実現可能なのですね？

　それは人々が考える以上に容易なのです。現在すでに存在する古文書館、博物館、美術館、図書館、そして記念館など、歴史を担う施設をさらに拡大し、それに加えて、コンピューターメモリーや映像、文献などによって過去に生きた人々の業績を記録し再現する歴史記録館を作り、家族や企業、寺社や教会等の宗教施設その他の組織に歴史を保存することを奨励するのです。また聖職者が神や仏の教えを説教するように、歴史家によって先人たちの生きざまを振り返る公開講座を導入し、学校や職場で講義すれば、それは歴史を伝える場になります。両親もまた、家族の歴史を子供たちに伝えるのです。もしそのような仕組みが実現できれば、人々は、死後も生き続けることを実感し、自分もまた同様に記憶される可能性を知るでしょう。それは存在が立証できない宗教的な来世と違い、この世に実在する来世です。そして人は、そこから先人たちの生きざまを学び、自分たちのルーツを知り、そして過去における成功と失敗から、多くの教訓を引き出すのです。こうして人類は、死を克服するのです。

第11章　永遠志向社会での生活と教育

82 永遠志向社会での家族の在り方はどう変わりますか？

永遠志向社会においては、2、3世代しか関わりのない今日の核家族に対して、幾十世代にもわたって未来につながる歴史家族が構築され、家族独自の伝統を形成するでしょう。歴史家族では、子供は親にとって単なる愛情の対象であるだけでなく、家族の歴史と文化を通じて永遠への架け橋となるのです。一般的に言って、腹を痛めた母親の子供に対する愛情は打算を超えたものであるのに対して、父親の子供への愛はもっと複雑で、距離があります。しかし子供が歴史においての自分の分身となれば、父親の子供に対する愛情は、母親のそれに匹敵するものとなるでしょう。こうして両親の愛情を一身に集めた子供は、限りなく満ち足りた幸せな日々の中で成長してゆくのです。

今日の社会においては共働きの世帯が増え、三歳未満の幼児の保育園への託児が当然のこととなっているのは、永遠志向社会では問題になるでしょう。国連が1959年に定めた「児童の権利に関する宣言」第六条でも、「児童はできる限り、両親の愛護と責任のもとで育てられる権利がある」と謳《うた》っています。今日では託児は、女性の社会進出を促進するためやむを得ないとされています。しかし親子の愛情がもっとも強くなるこの時期に、幼児を長時間両親から引き離すのは、親子の相互の愛情を育てる機会を奪い、また子供が家族の仕来たりや価値観を身に付ける機会を逸することであり、歴史家族の形成を妨げることになります。したがって永遠志向社会においては、幼児の長期の託児は、特別な事情がない限り避けることになるでしょう。

人口知能（AI）によって労働時間が大幅に短縮され、ベーシック・インカム（BI）によって賃金のために働く必要がなくなった社会では、仕事と育児を両立させ、両親が交代で子供の養育に時間を割くことは、今ほど難しくないでしょう。そしてそれが子供にとっても、最も幸せなのです。働く時間を自由に選べるフレキシタイムの導入や、インターネットやスマートフォンを活用した在宅勤務も、今よりも一般化します。そうした余裕のある生活の中で、子供にすべての愛情を注ぐとともに、家族の歴史と文化を伝え、人格形成のための教育を与えることが、両親の重要な役目になります。家族こそは、永遠志向社会の最小の、しかし最も重要な単位なのです。

83 永遠志向社会の人々は長期的な視野に基づき行動するのですね？

逃避に明け暮れ死後のことを考えようとしない現代人は、短視的な視野から行動しがちです。今日多くの人は死が必然であるという事実を忘れるため、将来のことを真面目に考えず、文字通りその日暮らしで生涯を無駄に過ごしています。国家や企業などの大きな組織でも、通常会計年度が単位となり、長期計画と言ってもせいぜい10年、長くても20年程度先しか想定しません。それ以上の長期計画は、環境条件の変化などから計画の前提条件が大きく変化するため、非現実的だと主張するのです。しかし現代人が長期にわたる計画を嫌う本当の理由は、事業が達成される前に自分が死ぬという事実を思い出したくないからです。それでも壮大な計画には、世代を超えた努力が必要です。例えば先日火災が起きたパリのノートルダム大聖堂は、完成までに２００年以上かかったのです。自分の短い生涯を基準として行動していては、本当の大事業は達成できません。

それに対し、自分の存在が歴史を通じて未来につながることを確信した永遠志向社会の人々は、もっと長期的なビジョンに基づき行動します。そこでは長期計画は単なるスケジュールではなく、夢と理想になるのです。命に限りがある以上、自らはその計画の完成を見届けることはないかもしれませんが、その事業に何らかの貢献をすることで、自分の存在が歴史に刻み込まれると考えるのです。こうして幾世代かの努力の積み重ねで、宇宙探査、火星移住計画、恒久平和、疾病と貧困の撲滅、正義と民主主義の確立、環境の改善、資源の温存、美と創造に満ちた社会の実現といった壮大な夢と理想を達成するのです。現代人の刹那的な生き方に代わり、人々が自分の生涯を超えた夢を追い求める社会が生まれるのです。

84 永遠志向社会では、人間教育が重要になるのですね？

永遠志向社会を構築するには、教育を改革する必要があります。新たな社会で求められる資質とは、人々の幸せと人類の存続に貢献する意欲と能力です。人生のできるだけ早い段階で、自分の良心と信念に基づき、自主的に進むべき道を見出し、そのために必要な知識や技能を身に付けるのです。

そのためには、事の善悪を見極め問題を解決する能力を育てる人間教育が重要になります。現行の教育基本法の第一条は、「教育は、人格の完成を目指し、平和的で民主的な国家及び社会の形成者として必要な資質を備えた心身ともに健康な国民の育成を期して行わなければならない」と規定しています。これは永遠志向社会でも有効な極めて完成度の高い規範です。残念ながらこの理念は、近年受験目当ての詰込み教育の陰になって、無視されています。これからの教育は、この基本法に定められた人間教育の精神を全教科に反映することで、理想に燃え、自らの生涯の目的を定め、その実現に向け一心に邁進する若者を育てるのです。

最近学校でのいじめへの対策として、道徳が正式な教科になりましたが、守ることが強要される法律と異なり、道徳は本来自分の良心に従い実行するもので、まだ判断力が育っていない子供に善悪正邪の基準を押し付けるのは、道徳の本来の在り方として問題です。自らの判断ではなく、教えられた道徳律に無批判に従う人を、我々は偽善者と呼ぶのです。人間教育は、本来両親や社会が責任を負うものであり、それを学校に丸投げするのも問題です。

85 日本の学校教育に問題があるのですね？

日本の学校教育が抱える最大の問題は、学力をいくつかの科目の平均値に基づく偏差値で測り、個々の学生の持つ特性や特質、そして創造する力などは無視する傾向です。その結果偏差値の低い生徒は、隠れた才能や可能性を持っていても劣等生として切り捨てられ、一生いわれのない劣等感を負わされます。２０１５年に内閣が発表した若者の意識調査で、自分には長所がないなど、自分自身を否定的に見る若者が、他国に比べ各段に多かったのは、偏差値によって大多数の生徒が、自分の潜在能力を過少評価された結果です。学力をいくつかの教科の平均値で測るのは、スポーツ選手に万能を求めるようなもので、それでは卓越した記録は生まれません。人にはみな得意不得意があるのです。あの世紀の大天才アインシュタインも、物理と数学以外の学科は苦手だったのです。永遠志向社会の学校教育は、既存の知識を詰込むのではなく、知的好奇心と自ら学ぶ積極性を育てます。そして学力以外の才能も含め、各学生の得意な面を引き出しそれを伸ばすことで、歴史に残る業績を生む能力を育てるのです。さもないと時代遅れの知識をため込んだ平均的な凡人ばかりが増え、創造的人材も、歴史に貢献できる傑物も生まれません。各人が自らの理想に向けてそれぞれの才能を生かせば、その総和によって社会が進化するのです。

今日人類の知識量は幾何級数的に増加し続けており、そのすべてを万遍なく学習しようとすることがそもそも無理なのです。だからこそ人に代わり知識を記憶するＩＴと、人間の知能を補完する人工知能（ＡＩ）の導入が急がれているのです。この事実を無視して、知識量が今より格段に少なかった半世紀前の感覚で幅広い知識の習得を強要すれば、子供たちは精神的に傷つき、一生トラウマを抱える危険があります。政府は最近、小学校で道徳を正規の教科にした上に、ＩＴ教育と英語の学習まで導入しようとしています。教科書のページ数も増える一方です。また安全教育、主権者教育、消費者教育などの教科以外の○○教育が数十あり、教師と生徒を困惑させています。さらにそれに追い打ちをかけるように、小学校のころから塾で受験勉強も強いられるのです。最近学校でのいじめや、不登校、そして子供のうつ病などの精神疾患や自殺が増えていますが、それは過剰な教育に追い詰められた子供たちの悲鳴なのです。なぜ我々は、彼らの苦悩に耳を貸そうとしないのでしょうか。彼らは過剰な学習の被害者なのです。そして大学に入学すると、人生について全く無知なまま学習の重荷から急に解放され、勉学の目的を失い、いい加減な勉強で四年間を無駄に過ごす学生が多いのです。これがよく言われる燃え尽き症状です。過重な知識の詰込みによって若者が知的、精神的な自由を奪われ、次の時代が求める人材が育たないとしたら、それは悲劇以外の何物でもありません。

86 受験勉強も負担になっているのですね？

最近における進学塾の蔓延もまた、深刻な問題です。私の学生時代には進学塾など聞いたこともなく、文部省に入省した当時も、省内では塾には否定的な意見が大半でした。それが今日では、進学塾に通わない生徒の方が少なくなってしまい、その結果子供は学校と進学塾での受験勉強で、人格形成に最も重要な思春期、青春期を奪われてしてしまうのです。試験で良い点を取るための視野の狭い勉強では、創造性は育たず、真理や理想を見出す力も付きません。試験と違って人生には単一の正解などないのです。その結果、人間としても未熟で、個性も、創造性も、正義感や理想も持たない、利己的で凡庸な人物ばかりが増えるのです。受験勉強はまた、ＡＩ時代が求めている常識を打破するような異才が生まれるのを妨げています。このままでは、日本人の人間的資質は低下し、日本は急変するこれからの世界に対応できなくなりかねません。中国で１０００年以上続いた官僚選抜のための科挙の制度が中国の近代化を遅らせたように、役人やサラリーマン養成のための時代遅れの受験競争が、日本の将来を危うくしているのです。

私は私塾そのものの価値を否定しているのではありません。もし塾がビジネスであることを止め、受験勉強ではなく授業についていけない子供を助け、創造力を育て、隠れた才能を見出し、あるいは人間教育に貢献するなら、個性を無視しがちな学校教育を補完し、人生の目的を見出せずに苦しんでいる多くの若者を救うことができるでしょう。受験のためではなく、次の時代が求める優れた人物を育てる私塾が生まれるのを期待します。

87 どうすれば創造性や個性が育つのですか？

難しい問題ですね。それは先天的な能力に関わることでもあり、すべての人が創造的になれるという保証はないのです。それでも、これまでの画一的な教育で見過ごされがちだった才能と個性を見出し、伸ばすことは可能です。永遠志向社会での教育は、あくまで個人が自己を確立し、自らの生きる目的を定め、創造を通じて人類社会に貢献する意欲と能力を身に付けるためのものとなるでしょう。

学校で教える教科は所詮は既存の知識であって、それを理解するだけでは創造力は育ちません。人工知能（ＡＩ）時代においても、人間にしかできないことがあります。それは自分が何のために生きているかを理解することであり、それが創造を生み、歴史への貢献を可能とするのです。これからは、授業もＡＩの助けを借りて効率的に行い、授業時間もできるだけ短縮すべきです。大学で専門的な教育を受ける前に、青春を謳歌する自由な時間を与えることこそが、人間性と創造性を育てる鍵です。今日当たり前になっている教科をこなすため土曜日に授業を行ったり、夏休みを短縮することなどは、この見地からは百害あって無益です。

これに関連して注目すべきなのは、これまで欧米ではScience（科学）、Technology（テクノロジー）、Engineering（工学）、Mathematics（数学）からなるＳＴＥＭ（ステム）教育が重視されてきましたが、近年、それに創造力と人間性を育てるためのArts（芸術）を加えたＳＴＥＡＭ（スチーム）教育が唱えられるようになったことです。これからの教育は、知識を与えるだけでなく、Artsに代表される人間性と未知の知識、未知の美、そして未知の技術を生み出す独創性を育てることを主眼とするのです。何事にも対応が遅れがちな日本の教育界では、最近ようやくＳＴＥＭ教育が導入され始めていますが、世界の教育は今やそれを超え、ＳＴＥＡＭ教育の時代に入っているのです。文部科学省も２０１８年の報告書でこのＳＴＥＡＭ教育の教育現場への導入の必要を強調しています。

永遠志向社会においては、これに歴史を通じて人類の未来に貢献する意識を育てるためのHistory（歴史）を加えた、ＳＴＨＥＡＭ（スシーム）教育が基準となるでしょう。そこでは教員が一方的に知識を教える授業に代わり、生徒が自主的に問題を見出し、ＩＴ・ＡＩ技術も活用して自分の興味に合った勉強をし、教員は助言と指導に専念するのです。それは自意識に目覚め、歴史に功績を残す意欲に燃え、人間性にも富んだ人材を育てる英才教育です。

88 義務教育制度を変える必要があるのですか？

義務教育は、すべての児童生徒に等しく教育の機会を与えるという点から言えば優れた制度です。しかし十九世紀初頭にプロイセンをはじめ多くのヨーロッパ諸国が義務教育制度を始めたのは、当時欧州を軍事的に席捲したナポレオンに対抗して、若者に民族意識と規律を植え込むことで、精強な兵士を育てるのが目的でした。義務教育は、最初から子供の自由や個性を無視する画一化の傾向があったのです。

このためイギリスにおいて1870年に初等教育の義務化が法律で決まった時、ハーバート・スペンサーなどの教育者から、公教育は児童の希望や性向を無視した権威主義的な教育だという強い批判が出ました。そうした意見に配慮し、1944年の小学校教育令では、学校による教育の独占を改め、初等教育は「学校**その他**で行う」としたのです。これを契機として欧米では教育の多様化が進み、子供の個性や希望を尊重し、個々人が主体的に勉学することを目的としたオルタナティブ（選択的）教育が広がっていきました。そこでは勉強はあくまで児童生徒が自発的に行い、教師はそれをサポートするのです。日本でもモンテッソーリやシュタイナの教育理念に基づくフリースクールが増えています。

アメリカではまた、公募型研究開発校とも呼ばれるＩＴ教育、科学教育などに特化し、あるいは落ちこぼれの生徒を引き受ける小、中学校レベルのチャータースクールが１９９０年代から急増し、現在では７０００校以上あります。これらの学校は教育委員会の認可（チャーター）と財政支援を受けて、多様な教育を展開しています。チャータースクールは一般校よりも教育効果が高いとされており、入学希望者が多く空き待ちの状態です。また両親などが子供を自宅で教育するホームエデュケーションも、アメリカ、イギリス、オーストラリアなどで合法化されています。インターネットやＡＩ技術などを使った遠隔教育の発達もあり、労働環境が改善されれば、両親が子供の教育に時間を割く可能性が高いことから、こうした形態の教育への要望が増えるでしょう。

教育は時代とともに変わるものであり、新しいニーズに対応するための試みとして、早急に教育を多様化する必要があります。特に生徒が教師に教わるという受け身の教育から、生徒が自発的・自主的に学習する教育への転換が求められます。チャータースクール制度などは、日本でも直ぐに導入すべきです。また前節で述べたＳＴＥＡＭ教育に加えて、飛び級や早期卒業などの英才教育制度を取り入れないと、日本はこれからの経済の中核となる人工知能（ＡＩ）や芸術創造産業分野において、他国に水をあけられてしまうでしょう。日本の将来を考えれば、もう時代遅れの受験勉強などをしている余裕はないのです。

永遠志向社会での教育は、より多様で柔軟なものになるでしょう。憲法第二六条が定める普通教育を受けさせる義務は保護者に対するものであり、児童生徒が自ら望む場合は、義務教育以外の教育を選ぶ自由があるのです。

89 高等教育はどう変わりますか？

日本の教育を歪めている問題の一つは、平均的な学力を重視する大学の入学試験制度です。ほとんどの大学では、高校でのいくつかの科目の平均値から割り出す偏差値や、大学入学共通テスト、そして大学ごとの学力試験の結果で入学生を選抜しています。それがよく言われる「知識偏重の一点刻みの入試」です。最近になって、人物評価によって学生を選ぶＡＯ入試や、高校からの推薦による推薦入学など、新しい入試制度も一部で導入されていますが、大学入試が学力偏重であることは変わりません。それが小中高校の教育を歪め、進学塾の蔓延を助長し、時代が求める人材の出現を妨げているのです。人の能力は多種多様であり、学力はその一つに過ぎません。過半数の若者が高等教育に進学する今日、大学生が皆学者や研究者になるわけではないのです。時代が求めているのは、明確な目的意識とそれを達成する意思の力を持った若者です。

私が以前面談をした、当時全米大学入学共通試験委員会（CEEB）の会長だったハンフォード氏によると、アメリカのアイビーリーグなどの有名大学は、学生の選抜に当たってクラブ活動、ボランティア活動、スポーツ活動などの課外活動に参加していたか、政治社会問題に関心を持っているかなどを重視します。そして唯一の学力テストである全米大学入学共通試験の成績には15％程度しか比重を置かないそうです。受験勉強ばかりしているような視野の狭い学生は、社会性と人間性に欠けるとして歓迎されないのです。日本の大学関係者は、若者が学力重視の大学入試という束縛によって精神的自由と判断力を奪われ、成熟した大人に育つのを妨げられていることを自覚すべきです。良い会社に入るため良い大学に入学するといった利己的な目的による勉強が、若者を他人や社会、人類一般について無関心にし、自己中心的な人間を作り出すのです。

日本の大学が学力試験の結果を重視するのは、入試の表面的な公平さを保つ上で最も安易なやり方だからです。しかし多くの大学が学力という単一の基準で入学者を決めれば、金太郎飴のように個性のない日本人が生まれてしまいます。大学（University）は単なる学校ではなく、政治や行政の介入からの自由が保障された自治組織であり、その国の知性を代表する機関で、将来を担う人材の育成に最終的な責任を負っているのです。その観点から見て、入学生の選定にあたっても、画一的な学力試験ではなく、それぞれの学風と教育理念に沿って独自の基準を設けるのが、望ましい大学入試の在り方です。そうすれば、小・中・高教育もまた変わり、多様化します。永遠志向社会においては、大学の自治が再確認され、各大学が独自の入学制度を採り入れ、特色のある教育を展開することで、個性と創造力に溢れた多彩な人材を育てることになるでしょう。そしてその卒業生がそれぞれの分野で卓越した業績を上げることで、人類社会を飛躍させるのです。いわゆる学力を重視していては、常識を覆すような天才や英才そして歴史に貢献する人材は、育たないのです。将来の高等教育は、各学生の得意な面を伸ばすことを主眼とし、入試も、それぞれの学生の特性と将来性を見出す仕組みにすべきです。

90 そうした理想的な入試を行っている大学が実際にあるのですか？

私は文部省在勤中に、主要日刊紙とＮＨＫの教育担当論説委員からなる視察団の世話役兼通訳としてハーバード大学を訪問しました。その時面接した副学長に対し論説委員が、「ハーバードはエリート校ですね」という少々意地の悪い質問をしたところ、副学長は「もちろんです」と答え、こう付け加えました。

「しかし我々はエリートだけを入学させるという安易な教育方針は取っていません。本学は入学者の選別に当たって、学力が劣等な者、黒人や移民などの少数者グループも積極的に入学させています。それは学生が社会の多様性を学ぶことで、エリート意識に凝り固まった者が生まれるのを防ぐためです。それを劣等生優先入学制度と呼ぶ人もいます。我々は卒業生全員が、各方面で社会をリードするエリートになるように努力しており、それに成功していると考えています」

この話に感銘を受けた私は、1973年にE・J・Kahn JRの『Harvard：Through Change and Through Storm』の注釈付き和訳『ハーバード：生き残る大学』を日本YMCA同盟出版部から出版しました。その中でこの世界最高のエリート校は、全米大学入学共通試験の結果はあまり重要視せず、主として高校の内申書と各地に置いたハーバードのOBからなる推薦人の意見、それに面接による人物考査で学生を選抜していることを紹介しました。また優等生だけではなく、ハーバードが幸福な底辺層と呼ぶ恵まれない階層の出身者や成績があまり良くない学生も三分の一程度入学させています。それは学生の多様性を保つことで、誤ったエリート意識が生まれるのを防ぐためもありますが、それ以上にハーバードは、この階層から個性に富んだ指導的人物が育つ可能性が高いことを、建学以来400年近い経験から学んだのです。我が国にも、そうした高い見識を持った高等教育機関が生まれることを期待します。

91 生涯学習における大学の役割は何ですか？

永遠志向社会の高等教育は、学部ではなく、高度に専門的な教育や研究を行う大学院が中心になるでしょう。大学院を研究者養成に加えて、もっと広い視野を持った組織にするのです。社会で実体験を積んだ人々が実際に直面した問題を、大学院に戻って専門家の助けを借りて解決する、回帰教育（リカレント教育）が全面的に導入されます。私が１９６４年に留学したジョージタウン大学大学院では、社会人学生の便宜を図るため授業は午後５時から始まり、同級生に現役の陸軍少将や外交官がおりました。そうした社会で実績を積んだ社会人を教えるには、教員の質も高めなければなりません。社会経験のない教員だけが教えるのではなく、各分野で実績を上げた者が大学院に戻って経験を伝えるのです。全員が学生でありまた教師でもある生涯学習の中核となることが、これから求められる大学なのです。これは言うまでもないことですが、永遠志向社会における高等教育は、歴史学者、情報科学の専門家、司書、学芸員などの歴史に関わる人材の育成が重要な責務になるでしょう。

永遠志向社会の大学院では、教育内容の専門性を今以上に高めることになります。例えば日本には、国際認証団体の承認が必要なＭＢＡ（Master of Business Administration）学位を授与できる大学院は、慶応大学ビジネススクール他３校しかありません。一方アメリカは４６４、中国は19のＭＢＡコースを持っています。国際認証団体の基準によれば、ＭＢＡコースに入学するには、少なくとも３年以上の関連分野での職歴が求められるため、年功序列制が残る日本では、休職や転職が難しいので優秀な学生が集まらないのです。日本でも２００３年に文部科学省によって経営学専攻科制度が認められ、30近くの大学院が経営学修士号を授与していますが、これはＭＢＡとは別物で、英語の履歴書にＭＢＡと書けば経歴詐称になります。ＭＢＡコースは文字通り経営者養成機関であり、企業側も卒業生をサラリーマンとしてではなく、将来の経営者候補として採用するのです。それは各国の軍隊が、士官を兵卒からの叩き上げではなく、士官学校で士官候補生として養成するのと同じです。アメリカの場合ＭＢＡコースの授業料は10万ドルとも20万ドルとも言われますが、ＭＢＡ保持者の初任給は、月額10万ドル（１１００万円）を超えることも珍しくありません。アメリカでは大手企業の

CEOの4割はMBAか、企業役員のためのリカーレント教育であるExecutive MBAの保持者です。それに対して日本の企業の役員には、MBA保持者はほとんどいません。経営学専攻科の新卒者だけでなくMBA保持者でも、横並びでサラリーマンとして採用され、その中から年功序列的な要素も入れて経営者が選ばれます。しかしそれでは経営に特化した専門家は育ちません。その結果多くの日本企業は国際的競争力を失い、危機に際して外国人のCEOに頼らざるを得なくなるのです。大学院は、研究者だけでなく、各界のリーダーの育成を目指すのです。

第12章　究極の幸せ

92 永遠志向社会での人々の生活はどのように変わりますか？

生きる意義を見出せない人が多い今日の社会と異なり、死を超越する可能性を知った永遠志向社会の人々は、明確な目的を持ち、充実した有意義な人生を送るのです。教育と社会経験を通じて基礎的な能力と知識を身に付けた若者は、自らが選んだ夢の実現に向け、一心不乱に邁進するでしょう。今日多くの人を引き付けている富、権力、人気、快楽や安寧といった世俗的な目標は、永遠志向を求める者にとっては取るに足らないことです。巨万の富も死ねばすべて無になり、万人を震え上がらせた権勢も、露のごとく消え去るのです。幸せや快楽も墓より先には持って行けません。永遠志向に目覚めた人は、もっと永続的な目的を持つのです。それは生活の保障とか、金儲けといった矮小なことではなく、人類をさらに賢く、さらに強く、そしてさらに美しくすることであり、そのために自分が貢献をすることです。歴史に目覚めた人は、地球上から疾病を無くし、戦争や暴力を根絶し、貧困や飢えを撲滅し、不正を正し、自然を守り、真実を追求し、美を生み出し、社会を発展させ、宇宙を征服するのです。彼らは歴史の正義が守られ、業績が公平に記録され、後世において評価されることを信じる限り、いかなる困難にも耐えるでしょう。

多くの人の関心は、創造に向かうでしょう。芸術家の作品はもちろん、科学者の新たな発見、哲学者の新たな思想、技術者の画期的な発明、宇宙飛行士による宇宙探検、職人の心のこもった作品、政治家や行政官にとっての公正な制度、両親にとっての子供、経営者にとっての事業、ボランタリー活動などは、すべて創造なのです。そして多くの人が創造を通じて自己の永遠化を目指し、その過程で人類文化は限りなく豊かになるのです。創造こそは、最も広く開かれた永遠への道なのです。

93 歴史に関心を持たない人も多いのではありませんか？

いつの時代でもそうであったように、永遠志向社会においても平穏な生活に満足し、歴史の中での存在には関心のない人や、歴史よりは神仏への信仰に心の平和を求める人が多数を占めるでしょう。そうした生き方を選ぶのも人としての権利であり、永遠志向社会はそれらの人々にも住みやすい場でなければなりません。

実はこうした野心を持たない人こそが、社会の安定を保つアンカーの役割を果たすのです。もしすべての人が歴史上での実在を求めて奮闘すれば、世の中は野心に満ちた者による過度の競争で、窮屈なものになりかねません。それに対してそうした野心を持たない人々は、永遠への戦いに疲れた戦士たちに、この世にはもっと単純で平凡な幸せがあることを思い出させてくれるのです。彼らは永遠志向社会に多様性を与え、ノスタルジックな憩いの場を提供します。そのためにも、ベーシック・インカム（ＢＩ）制度の導入などによって、すべての人が分け隔てなく貧困や病苦から逃れ、安心して生活できる環境を作る必要があります。

94 永遠志向社会の高齢者はどのように生きるのですか？

永遠を求め奮闘した人も、やがては歳とともに体力も気力も衰え、人類への貢献も創造もできない時が来るのです。しかし永遠志向社会での高齢者は、おそらく最も幸せな人になるでしょう。現世での来世としての歴史が確立された社会では、実績を上げた高齢者は、近づく死を恐れることもありません。死後も歴史に自分の足跡が残ることを信じ、残りの人生を何の憂いもなく享受できるからです。そして共通の歴史で結ばれた家族や仲間に囲まれ、悠々自適の日々を送るのです。先が短いことを除けば、老齢期こそ生涯の収穫を楽しむ最も充実した時期です。この世の中で最も幸せなのは、怠惰と無為を罪の意識なく楽しめる人です。そして人類への義務を果たし、死を超越した永遠志向社会での高齢者こそが、この至上の幸福を味わえるのです。

それに比べ今日の日本の高齢者ほど惨めな者はおりません。米英では、定年制は年齢による差別で人権侵害だとして禁止されていますが、日本では、高い能力を保持している人でも年齢で輪切りにされ、退職させられます。電車の優先席を若者が恥ずかしげもなく占領するなど、今や敬老と言う概念は死語となっていきます。さらに彼らの多くは家族との絆を失い、友人知人にも先立たれ、社会からは無用になった部品のように見捨てられ、経済的にも不安を抱え、ただ毎日を無為の内に死という虚無を待つのです。

95 究極の幸せは実現可能ですか？

ここまで本書をお読みになった読者は、私の言う究極の幸せの意味がお分かりいただけたのではないでしょうか。それは、これまで人間の心を蝕んできた死の絶望からの解放であり、そのための永遠志向社会の構築であり、そしてその基礎として、金儲けを目的とした資本主義経済から、自らの生きがいと人類への貢献を目指す創造経済への転換です。それは人を財産や収入、あるいは社会的地位で評価するのではなく、社会と人類への貢献の度合いによって評価する社会です。そして人々の業績がすべて歴史に記録され、人類が存続する限り保存されるのです。そこではもはや、死によって自分のすべてが無になるという絶望感はなく、現代人のように死から逃避するため群衆の中に埋没する必要もなくなります。それぞれが独自の生活設計と理想を持って生き、なおかつ全員が人類の将来のために尽くす健全な個人主義社会が育つのです。

また金儲けに没頭して人生を無駄に過ごしたり、その過程で環境の破壊に加担したり、不必要な贅沢で他の人々の羨望を煽り立てたりすることは、軽蔑と非難の的になるでしょう。死の現実から逃れるためにアルコールや薬物で感覚を麻痺させる人も、賭博依存症の人も、度を過ぎた肉体的な快楽に溺れる人も激減します。時間つぶしの無駄なレジャーやゲームなどよりは、創造活動や奉仕活動、そして人との触れ合いに意義を見出す者が増えるのです。ソーシャルメディアに捕らわれている人々も、架空のサイバー世界から抜け出て、現実の社会に復帰します。また歴史の単位としての家庭の重要性が再認識され、親は子供を自己の延長と考え限りない愛情を注ぎ、子供は親との連続を意識し、両親との同一感を強めるのです。こうして死を超越し、生きがいを見出し、幸せを獲得するのです。

そこでは人々は、人工知能（ＡＩ）によって自分の意に沿わない労働から解放され、芸術創造産業（ＣＩ）やＮＰＯを中心に自らの達成すべき目標に合った職業を選び、ベーシック・インカム（ＢＩ）によって貧困から完全に解放されるのです。そして共通の歴史を通じて強い絆で結ばれたコミュニティーと家族に囲まれて生き、死を克服したことを自覚し、自分の人生が意味のあることを確信するのです。それこそが究極の幸せなのです。

96 恒久平和は可能ですか？

縄張り争い、異性の取り合い、群れの中での地位争い、えさの奪い合いなど、仲間内の争いは、ほとんどの動物に見られる現象です。しかし同類を不倶戴天の敵とみなして憎み、殺し合うのは人間だけです。歴史が記録されて以来、人類は絶え間なく争い、殺し合ってきました。そしてその最大の原因が、死なねばならない運命への怒りを他人に転位することから起きることを見てきました。この戦争という不条理で野蛮な同類殺しが続く限り、人類に本当の幸せは訪れません。

これまでも戦争を防ぐため、いろいろな努力がなされてきました。第一次大戦後に作られた国際連盟や、第二次大戦後に設立された国際連合、ヨーロッパ連合（EU）などがその典型です。しかし実際には、二十一世紀に入っても内戦やテロは世界各地で頻発し、人が人を殺すという恐ろしいことが日常的に起きています。

しかし創造経済の確立と永遠志向社会の構築によって、戦争の危険は大幅に減少するでしょう。歴史を通じての存続を確信し死を超越した人は、死への憎しみを他人に転位する理由が無くなるのです。また世代を超えて歴史記録を保持するためにも、戦争はどうしても防がなければならなくなります。創造経済によって、過度な経済競争、貧困や格差といった戦争の要因の多くも解消されるでしょう。そしていつの日か人類共通の歴史が形成され、地球上のすべての人が同胞であり、未来に続く人類の歴史の輪の一つを形成することが自覚されれば、偏狭な民族愛を超えた人類愛が芽生えるでしょう。そして恒久平和が可能となるのです。

97 恒久平和は理想論ではありませんか？

理想論という言葉が実現できない夢を意味するなら、私は恒久平和を理想論だとは考えません。日本国憲法はその前文で、次のように謳っています。

日本国民は、恒久の平和を念願し、人間相互の関係を支配する崇高な理想を深く自覚するものであつて、平和を愛する諸国民の公正と信義に信頼して、われらの安全と生存を保持しようと決意した。われらは、平和を維持し、専制と隷従、圧迫と偏狭を地球上から永遠に除去しようと努めてゐる国際社会において、名誉ある地位を占めたいと思ふ。われらは、全世界の国民が、ひとしく恐怖と欠乏から免かれ、平和のうちに生存する権利を有することを確認する。

私は日本人として、この崇高な理想を掲げた憲法を持つことに誇りを感じています。そして本書で述べた私の考えが、その理想を現実のものにする一助となると信じています。皆さんも永遠志向の思想によって死を超越し、日本国憲法が高らかに提唱した恒久平和の理想を実現し、人類すべてに究極の幸せをもたらすため協力しようではありませんか。

しかし永遠志向社会を確立し戦争の危険を完全に取り除くには、早くとも世紀単位の時間がかかるでしょう。その間人類は、大量殺戮兵器の存在もあり、絶滅の危機を抱えるのです。私は問題の一端は、男性が政治を支配していることにあると思います。一般的に言って動物の場合オスはメスよりも攻撃的ですが、人間も絶え間ない争いの過程で淘汰され、男性は攻撃的になったのです。それに比べ女性の多くは、より平和的です。その最大の理由は、母親は子供を通じて死を超越するのに対し、父親と子供の関係は希薄であり、このことが、男性の死に対する絶望感を募らせ、その怒りを他人に転位し、戦争を起こす可能性を高めるのです。戦争やテロのほとんどは男性が引き起こしています。このことから、女性が政治にもっと積極的に関与すれば、戦争の脅威は少なくなるとも考えられます。平和世界のどこに、恋人や子供を戦場に送りたいと思う女性がいるでしょうか。平和維持の試みの一つとして、女性に政治の主導権を委ねてみる価値はあると思います。

第13章　人類よ永遠なれ

98 人類の未来は明るいのですね？

イギリスの哲学者バートランド・ラッセルは、その著書『神秘主義と論理』の中で、「やがて来る太陽系の膨大な死の中で、人類文明が消滅することを否定する哲学は成り立ちえない」と断言しました。その悲観論に対して私は、拙著『死の超越』とその英語版である『Transcending Death』の末尾で、次のように反論しました。

わずか一万年の間に原始を抜け出て今日の文明を築いた人類なら、永遠志向に目覚め歴史を通じて過去未来との連続を自覚しさえすれば、何十世代かの英知と努力の積み重ねで必ず目くるめくような理想の社会を作り上げるだろう。そこでは、ラッセルが墓より先には保つことはできないとした〝情熱も、ヒロイズムも、思想や感情の強烈さも〟人類の歴史に組み込むことで永遠を得るのだ。また彼が、〝太陽系の膨大な死の中で消滅すべく運命つけられている〟と断定した〝総ての時代のあらゆる努力、あらゆる献身、あらゆる霊感、あらゆる天才の昼光のような輝き〟も、遠い未来の世代が科学とテクノロジーの枠を駆使して銀河系の彼方に新たな文明を構築することで存続するのだ。だからこそ今死にゆく我々は人類の悠久の存続を確信して、最後の息をひきとるまで次の世代に尽くすのだ。それによって我々もまた、人類文明の礎《いしずえ》として永遠に存続するのだ。

この尊厳に満ちた永遠志向社会を、姑息《こそく》な現代と比べてみましょう。今日の先進社会は、救いがたい利己主義者と凡人の世界です。多くの現代人の関心は、つまらない金儲けと権力、そして快楽への逃避に向けられ、その結果将来の世代のことなど考えもせず資源を浪費し、環境を悪化させ、祖先の残した文化遺産を破壊しているのです。それでいて孤独に悩み、どうすれば幸せになれるかも知らないのです。

しかし永遠志向社会の出現で、世界は大きく変わります。新しい時代の人々は、貧しさや無知そして疾病を撲滅し、美と英知を追い求め、恒久平和のための仕組みを作り出し、独裁や不正に立ち向かうのです。そして太陽系を超えて、広く宇宙の彼方へと探索の手を伸ばします。何人たりとも歴史の中での永遠を求めてひた走る彼らの行く手を遮れないし、何事も彼らを怯えさせることはできません。歴史の中に生きる彼らは、自らの信念のためなら、死をも喜んで受け入れるでしょう。

99 永遠志向社会によって人は死を超越するのですね？

そうです。死は必然であり、死とともにその肉体も精神も原子の塵となって自然の一部に戻るということは、否定しようのない絶対的な真実です。そして信仰を除いて、この究極の事実から逃げようとするあらゆる試みは、いずれは必ず挫折するのです。本書では死が避けられないことを知った人間が、死の現実を忘れるために、考える時間を潰そうと狂奔するのを見てきました。それが現代社会を支配する、快楽や、スマートフォン、ゲームといったサイバー空間へののめりこみ、レジャーといった無駄遊び、薬物やアルコールへの依存、資本主義という金儲けへの埋没などの現象を生み、人類社会を堕落させてきたのです。そして死への怒りを他の人に転移して人を憎み、戦争やテロを引き起こしているのです。

永遠志向の哲学は、そうした死の宿命が生む人間の苦悩に対処する方法を模索する中で生まれたものです。そして歴史という現世での来世を構築することによって、人は死を超越できるという結論に達したのです。それは死が必ずしも絶対の虚無を意味しなくなることです。人類の未来に貢献することによって、我々は悠久の歴史の一部となり、人類が存続する限り無にはならないのです。もう死を憎むことも、死から逃げることも、死を忘却することも必要ありません。我々は死に勝利し、永遠になる道を見つけたのです。それが永遠志向社会の構築です。それとともに、人間は愚かで神経症的な生き物であることを止め、死をも超越する崇高な存在になり、神に一歩近づくのです。こうして人類は新たな黄金時代に入るのです。

100 最後に読者に何を呼びかけますか？

今人類は、さらなる飛躍への一歩を踏み出すか、それとも混迷の世界に迷い込むのかの分かれ道に立っています。だからこそ私は次の時代を担う若い人達に訴えます。永遠志向社会の基礎を築くことで、数百年を経た未来においても、君たちの時代が人類史上最も輝かしい瞬間だったと言わせようではないですか。そして死を超越し、究極の幸せをつかみ取ろうではありませんか。

おわりに

最後になりましたが、読者には私から警告しておくことがあります。それは本書で述べられたことの多くは、今日の常識の先を行くものであり、既存の考え方にとらわれがちな一般の人々の賛同を、今直ぐ得られるとは限らないことです。大抵の人は自分が慣れ親しんだ常識に反する見解を、自らのアイデンティティと生き方への批判と取り、感情的に反発するでしょう。特に創造経済論は、金儲けだけに専念してきた人々にとっては人生の目的そのものを否定されることであり、不快に感じるでしょう。

しかしすべてが急激に変化するこれからの時代においては、今日の常識は明日には非常識になり、それに代わる新しい常識が必要になるのです。本書が提示したいろいろな提案は、今の世界の在り方が行き詰まり、社会自体が変わる必要に迫られて初めて大多数の人の賛同を得るものであることを、心に留めておいてください。そしてその転換期が今そこまで来ているのです。１９８２年に『永遠志向』を出版した当時、私は自説が広く受け入れられるのは早くても一世紀先だと思っていました。しかし二十一世紀に入り、世界中で政治・経済・社会のあらゆる面での行き詰まりが表面化しており、今では当初の予想よりかなり早く、創造経済と永遠志向社会への転換の必要性が認識されるだろうと確信するに至りました。社会制度の根本的な転換は、その過程において、多くの混乱と困難を生み出すでしょう。その時本書を読んだ人は、進路を見失って途方に暮れる人々より一歩早く時代の変化を理解し、新たな社会への転換を円滑にするための適切な行動を取るでしょう。

読者の皆さんの中から、新たな人類文明の夜明けとなる次の時代のリーダーが各界で輩出することを期待します。

（了）

渡辺通弘（わたなべ　みちひろ）

東京都出身。中央大学法学部卒。外務省。ジョージタウン大学大学院国際関係学専攻。パリ・ユネスコ本部、ニューヨーク・ユネスコ国連連絡事務所。文部省。総理府青少年問題対策本部参事官。文化庁芸術課長、文化普及課長、総務課長、文化部長。UCLA（カリフォルニア大学ロサンゼルス校）アンダーソン経営学大学院客員教授。昭和音楽大学音楽芸術運営学科初代学科長。

現在同大学名誉教授、日本アートマネジメント学会顧問、ベルマーク教育助成財団理事

主要著書
『哲学三部作：永遠志向』、『ハーバート：生き残る大学』（注釈付き翻訳）、『Cultural Policies in Japan』（UNESCO World Culture Report,P173-174）、『美しい国日本へ：安倍総理の「美しい国へ」に対比して』、『死の超越』、『Transcending Death』、『鴛鴦の思い羽』（上下巻）
現在本書の英語版を執筆中。

創造経済と究極の幸せ
次の時代を担う人々へのメッセージ

2019 年 10 月 10 日　初版第一刷発行

著　者　渡辺 通弘
発行人　佐藤 裕介
編集人　冨永 彩花
制作人　遠藤 由子
発行所　株式会社 悠光堂
〒 104-0045 東京都中央区築地 6-4-5
シティスクエア築地 1103
電話：03-6264-0523　FAX：03-6264-0524
http://youkoodoo.co.jp/
デザイン　株式会社 キャット
印刷・製本　日本印刷株式会社

ISBN978-4-909348-24-1　C0033